LIEUX HANTÉS 4

AUTRES HISTOIRES VÉRIDIQUES D'ICI

Adapté de *Haunted America* et *Historic Haunted America*

Michael Norman et Beth Scott

Texte français de Claudine Azoulay

Éditions
■SCHOLASTIC

Catalogage avant publication de Bibliothèque et Archives Canada

Norman, Michael, 1947 29 juin-
   Lieux hantés 4 : histoires véridiques d'ici : une adaptation de
Haunted America et de Historic haunted America /
   Michael Norman et Elizabeth Scott ;
   texte français de Claudine Azoulay.

Traduction de: Canadian hauntings.
Comprend des références bibliographiques.
ISBN 978-1-4431-0390-9

1. Lieux hantés--Canada--Ouvrages pour la jeunesse.
2. Fantômes--Canada--Ouvrages pour la jeunesse.
I. Scott, Beth, 1922-1994. II. Azoulay, Claudine III. Titre.
BF1472.C3N6714 2010   j133.10971   C2010-903743-X

Copyright © Michael Norman et la succession
d'Elizabeth Scott, 1994, 1995, 2004, pour le texte.

Copyright © iStockphoto.com/Ivan Bliznetsov,
pour la photo de la fille de la page couverture.

Copyright © iStockphoto.com/Linda Bucklin,
pour la photo du cimetière de la page couverture.

Copyright © Éditions Scholastic, 2010, pour le texte français
Tous droits réservés.

Illustration de l'intérieur : Andrej Krystoforski

Les histoires de ce livre ont été publiées
au préalable dans *Haunted America* et *Historic Haunted America*.

Il est interdit de reproduire, d'enregistrer ou de diffuser, en tout ou en partie, le présent ouvrage par quelque procédé que ce soit, électronique, mécanique, photographique, sonore, magnétique ou autre, sans avoir obtenu au préalable l'autorisation écrite de l'éditeur. Pour la photocopie ou autre moyen de reprographie, on doit obtenir un permis auprès d'Access Copyright, Canadian Copyright Licensing Agency, 1, rue Yonge, bureau 800, Toronto (Ontario) M5E 1E5 (téléphone : 1-800-893-5777).

Édition publiée par les Éditions Scholastic,
604, rue King Ouest, Toronto (Ontario) M5V 1E1,
avec l'accord de Tom Doherty Associates, LLC.

5 4 3 2 1   Imprimé au Canada   116   10 11 12 13 14

TABLE DES MATIÈRES

Le portrait 1
Déranger les morts 10
La maternité de Tarlton 14
La maison de quarantaine 17
Disparition étrange 21
Malédiction sur un bateau 23
Rencontre fortuite 26
L'autostoppeuse 30
La pierre tombale 32
Mon père 36
Un fantôme choriste 39
« Le lieu le plus sinistre que je connaisse » 40
La femme enchaînée 43
Le lit possédé 47
Le fantôme du mont Royal 52
L'esprit frappeur 55
Bruits inexpliqués 57
Les enfants de la nuit 59
La nourrice 63
La colline hantée 65
Une promesse rompue 68
Le lit de mort 74

LE PORTRAIT

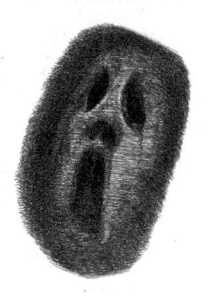

Chilliwack, Colombie-Britannique

En décembre 1965, l'artiste Teresa Montgomery et son époux Charles ont emménagé dans une maison majestueuse de douze pièces, dans la localité de Chilliwack, dans la vallée du Fraser. Bien que cette maison ait déjà servi de pension de famille, elle nécessitait peu de réparations majeures. Des améliorations esthétiques suffiraient grandement à restaurer la beauté initiale de la maison. Le couple avait été chanceux de dénicher une maison avec autant de potentiel et à un prix raisonnable en plus.

Le récit de ce qui s'est tramé dans la maison des Montgomery a été l'une des histoires de fantômes les plus largement racontées dans la presse de la Colombie-Britannique, durant les années 1960. Voici ce qui est arrivé, à la grande surprise de ses propriétaires.

Un après-midi, alors que Teresa s'affairait dans la cuisine, elle a entendu des tiroirs s'ouvrir et se fermer dans une chambre à l'étage. Elle était seule dans la maison. Elle s'est précipitée à l'étage et a ouvert les portes de toutes les pièces. Dans une chambre inoccupée, elle a découvert une vieille commode, qui venait avec la maison et qui semblait avoir été mise sens dessus dessous. Certains tiroirs étaient entrouverts et d'autres grands ouverts et sortis de leurs rails. Un cadre de lit en fer, lui aussi laissé par les propriétaires précédents, gisait sur le plancher. Teresa se souvenait l'avoir vu posé contre un des murs, le jour de leur emménagement. La commode et le lit étaient les seuls meubles présents dans la chambre.

Teresa n'a rien dit à son époux, mais au fil des jours, elle s'est sentie de plus en plus nerveuse dans l'immense maison. C'est alors qu'elle a fait des rêves terrifiants, dans lesquels elle voyait une femme étendue sur le plancher du couloir. Cette femme portait une robe rouge à fleurs jaunes. « Elle est terrorisée », a raconté Teresa à un journaliste.

Les cauchemars la rendaient malade. Quand son époux lui a demandé ce qui n'allait pas, elle a répondu qu'elle devait être épuisée à cause du déménagement. Elle a continué à déballer des malles et des boîtes, à arranger la disposition des meubles et à accrocher des cadres, mais elle prenait peu de plaisir à le faire. Elle préparait des repas pour Charles, mais mangeait peu elle-même. Son mari n'était pas trop inquiet. Il avait vécu assez longtemps avec elle, pour reconnaître les sautes d'humeur de l'artiste. Il a supposé qu'elle avait travaillé fort sur certains tableaux. Dans ces moments-là, il savait qu'elle devenait si absorbée par son travail que tout le reste comptait peu. Elle n'aimait pas parler de ce qu'elle faisait; Charles ne lui posait donc pas de questions.

Puis, un matin, dans son atelier, Teresa s'est assise devant son chevalet pour faire le portrait de la femme qu'elle avait vue dans ses rêves. Peut-être qu'ainsi son horrible cauchemar cesserait de la tourmenter. Mais quelque chose a pris le contrôle du pinceau qu'elle tenait dans sa main. Bien qu'elle ait essayé de peindre le portrait d'une femme, le visage est devenu celui d'un homme, un homme aux traits forts, basanés et virils.

L'artiste n'avait jamais vécu une telle expérience. Était-elle en train de perdre son talent? Son esprit? Cet après-midi-là, elle a eu si peur qu'elle est sortie de son atelier.

Le lendemain, Teresa a remarqué que le portrait qu'elle avait laissé la veille avait changé. Les yeux sombres de l'homme étaient devenus menaçants et des ombres prononcées dissimulaient un côté de son visage. Chaque matin qui a suivi, Teresa a trouvé le portrait modifié d'une façon ou d'une autre. Elle a su alors qu'elle serait incapable de repeindre, du moins pas dans cette maison-ci.

Puis, un soir tard, un bruit léger a poussé Teresa à retourner dans la pièce inoccupée. Au moment où elle a jeté un coup d'œil par la porte, une lumière faible est apparue dans une fenêtre et, au milieu de la lumière, elle a aperçu un visage de femme. Même si les traits étaient quelque peu indistincts, Teresa était certaine qu'il s'agissait de la femme de ses cauchemars. C'était le fantôme qui hantait la maison.

Peu de temps après l'apparition de la mystérieuse femme, d'autres phénomènes se sont produits. La porte d'entrée a commencé à s'ouvrir et à se fermer toute seule. Des pas ont résonné dans l'escalier alors qu'il n'y avait personne, et le souffle d'une respiration haletante provenait des pièces vides.

Par la suite, Teresa a fait connaissance avec les voisins qui lui ont raconté certaines histoires sur sa maison... peut-être lui en ont-ils dit plus qu'elle ne voulait en entendre. Selon une de ces histoires, une femme aurait été assassinée dans la maison et son corps incinéré dans la cheminée. Une autre histoire parlait d'un homme qui s'était suicidé dans la maison une dizaine d'années auparavant. Il aurait soi-disant occupé la chambre vide. La propriétaire inquiète s'est demandé si cela n'expliquerait pas la respiration haletante qu'elle avait entendue. Personne ne semblait savoir s'il existait un lien réel entre les deux personnes ou si, en réalité, l'une ou l'autre des histoires était fondée.

Toutefois, les propriétaires précédents, Rebecca et Jackson Perkins, ont dit aux Montgomery qu'un vieil homme ayant vécu dans la maison s'était effectivement suicidé, mais qu'il s'était noyé dans un marécage, en arrière de la résidence. M. et Mme Perkins ont dit qu'ils n'avaient jamais rien vécu d'inhabituel au cours des quatre années passées dans cette maison et ils ont qualifié de « balivernes » les rumeurs d'une histoire de fantôme.

Au printemps, les médias ont eu vent des événements étranges qui se produisaient à Chilliwack. Teresa a accepté avec enthousiasme que les journalistes et les photographes visitent la maison, et elle n'a pas manqué de leur montrer le portrait de 1,2 mètre sur 1,8 mètre qui, selon ses dires, se transformait tous les jours. Elle a déclaré que le côté sombre du tableau s'était éclairci, qu'un contour s'était dessiné sur une joue et qu'on distinguait maintenant une fine moustache.

Une nuit, durant la dernière semaine de mai 1966, Jess Odam, un journaliste du *Vancouver Sun*, et Ken Oakes, un photographe du *Sun*, ont visité la maison. Ils ont veillé dans la chambre inoccupée, éclairée par une bougie posée sur la commode. Une amie de Teresa Montgomery, qui a voulu rester anonyme, s'est assise en compagnie des deux hommes. Teresa était dans la cuisine, en train de préparer des sandwiches.

À 12 h 25, Odam a rapporté qu'il croyait avoir entendu des pas dans le couloir. L'amie a dit qu'elle avait entendu un « bruit de glissement ». Oakes, qui était assis le plus loin du couloir, n'avait rien entendu.

Quelques instants plus tard, quand Teresa a monté

l'escalier avec le plateau de sandwiches, elle a découvert un morceau de linoléum qui traînait sur le plancher du couloir. Elle l'a apporté dans la chambre et a montré à ses invités l'endroit où il avait été cloué au mur. Elle l'avait vu le jour de leur emménagement et était certaine qu'il y était encore à l'arrivée du petit groupe.

Odam a écrit : « Nous n'avons pas vu de fantôme, nous n'avons pas entendu de fantôme... vraiment? »

La semaine suivante, à la demande de Teresa, Odam est retourné à la maison pour y inspecter une petite tourelle située au coin du bâtiment. Teresa avait rêvé que la femme fantôme « vivait » là. La tourelle renfermait peut-être un indice sur l'identité de cette femme et sur ce qui lui était arrivé. Avant qu'Odam ne parvienne à la maison, Teresa avait déjà effectué une ouverture dans la tourelle en retirant certains panneaux du grenier. Mais, ayant peur des araignées, elle n'avait pas osé y pénétrer.

Odam s'est équipé d'une lampe de poche et s'est faufilé dans l'espace minuscule. Allongé à plat ventre, il a dirigé lentement la lampe de poche dans toutes les directions. Il n'y avait rien. Rien d'autre que des matériaux d'isolation qui s'étaient désagrégés au fil des ans et jonchaient désormais le petit plancher. Quand Teresa a vu les morceaux, elle a dit qu'ils ressemblaient aux taches blanches dans ses rêves.

Peu de temps après la visite d'Odam, un ancien pensionnaire a téléphoné aux Montgomery pour leur mentionner qu'il existait des conduits secrets, reliant le haut et le bas de la maison. Dans quel but, la personne au bout du fil ne le savait pas. Teresa a soupçonné qu'il s'agissait d'une farce, mais il y avait tellement de questions sans réponses qu'elle a organisé une séance de spiritisme.

Un hypnotiseur et un voyant se sont rencontrés à la maison, un après-midi de juin. Teresa avait placé une table et des chaises dans la chambre vide. Une fois les hommes assis, elle a baissé les stores et allumé une bougie au centre de la table. Charles Montgomery était posté dans la cour afin d'éloigner les curieux. (L'article du journal avait attiré plus d'attention que voulu.)

— Y a-t-il quelqu'un? a demandé le voyant. Vous pouvez venir maintenant.

Silence.

— Nous ne sommes ici que pour vous aider, a dit le voyant en haussant le ton.

Teresa fixait la bougie si intensément qu'elle voyait plusieurs images de la flamme.

— N'ayez pas peur de nous, a dit l'hypnotiseur. Nous ne vous ferons aucun mal.

On n'entendait aucun bruit, sinon celui de la respiration rythmée des trois personnes assises autour de la table.

Le voyant a joint les mains et a repris :

— Nous vous implorons d'aller vers la lumière. Vous êtes mort et sur le plan terrestre, il n'y a plus rien pour vous ici. Au royaume de la lumière, d'autres vous aideront.

Teresa a eu l'impression qu'un des stores s'était plissé sur le rebord de la fenêtre, mais elle n'en était pas certaine.

Les journées d'été sont devenues des semaines, et les semaines, des mois. Des centaines de personnes ont assailli les propriétaires, leur demandant de visiter la maison « hantée ». Les enfants racontaient à leurs camarades de classe aux yeux écarquillés que des cercueils flottaient d'une pièce à une autre et que des squelettes montaient et descendaient l'escalier dans un cliquetis. Tout cela n'était qu'absurdités, bien entendu.

Les Montgomery ont fini par placer une affiche PAS DE BADAUDS sur leur porte, mais cela n'a servi à rien. En une seule semaine, deux cents automobiles par jour ont déversé des chasseurs de fantômes bruyants et, un dimanche, sept cents personnes ont gravi les marches de l'entrée pour essayer de pénétrer dans la maison. Teresa, épuisée par la publicité tapageuse, a refusé l'entrée à quiconque ne lui avait pas écrit une lettre au préalable. Et les lettres arrivaient tous les jours, en provenance de toutes les régions du Canada.

Charles Montgomery n'appréciait pas le déluge de lettres et les inconnus mal élevés qui frappaient à sa porte et regardaient par les fenêtres à toute heure du jour et de la nuit. Il n'y avait qu'une seule solution : le couple allait faire payer pour visiter leur maison! Il ne faisait aucun doute que quiconque souhaitait voir une maison « infestée » de fantômes serait prêt à payer pour ce privilège.

Mais Teresa Montgomery ne s'attendait pas à éprouver autant de difficultés à obtenir un permis pour gérer une « maison hantée ».

Le maire par intérim de Chilliwack, Al Holden, l'a avisée que si le conseil municipal accédait à la demande de Teresa, le quartier au complet devrait changer de zonage résidentiel à zonage commercial. Alderman Bill Nickel a prétendu que Mme Montgomery voulait seulement exploiter la publicité gratuite qu'elle avait reçue après avoir prétendu qu'il y avait des fantômes dans sa maison.

Un jour, Teresa et une amie ont constaté que le portrait se décolorait, en plus de *rétrécir*. Elles l'ont mesuré pour confirmer leurs soupçons et se sont demandé comment une telle chose pouvait se produire.

Dr Geoffrey Riddehough, professeur en lettres classiques à l'Université de Colombie-Britannique et membre de la Psychical Research Society of England, a été invité à examiner le portrait. Il n'est arrivé à aucune conclusion, si ce n'est qu'il se produisait des événements dans le monde pour lesquels les gens n'avaient aucune explication.

Finalement, Teresa s'est lassée du portrait et a menacé de s'en débarrasser. Ce qu'elle a fait. La Pacific National Exhibition l'a exposé pendant un certain temps et, en 1973, le tableau est devenu la propriété d'une station de radio de Vancouver. Les comptes rendus de la presse ne mentionnent pas dans quel état était le portrait à ce moment précis.

Les comptes rendus de la maison hantée de Chilliwack étaient-ils véridiques? Il est impossible de répondre à cette question. Le premier journaliste local, qui avait dévoilé l'histoire, avait dit à Mme Montgomery que le tableau ferait connaître la petite ville. Et ce fut effectivement le cas. Le journaliste a passé des heures et même des jours dans la maison, mais selon une entrevue réalisée auprès de la propriétaire « ... [il] n'a jamais rien vu ni entendu qui pourrait suggérer que la maison était hantée. »

En 1972, les Montgomery ont vendu la maison et se sont installés sur l'île de Vancouver, afin d'avoir une vie plus paisible dans une maison où il n'y avait vraisemblablement pas d'hôtes indésirables.

Le nouveau propriétaire est resté dans la demeure à peine une année. Il a déclaré que sa famille et lui-même déménageaient pour des raisons personnelles. Il n'a pas donné plus de détails. La maison a été vendue 23 000 $ à un jeune couple de Chilliwack, qui envisageait de la rénover et d'y fonder une famille. Les nouveaux propriétaires connaissaient la légende du fantôme, mais ils y étaient indifférents.

L'agent immobilier de Chilliwack chargé de la vente a rapporté que la transaction n'avait pas été difficile à conclure, malgré l'historique de la maison.

— Il fut un temps où vendre une maison hantée était un

vrai cauchemar pour un agent immobilier, a-t-il dit à un journaliste de la Presse Canadienne. Mais ce n'est plus le cas. Aujourd'hui, les maisons hantées semblent avoir plus d'intérêt pour les gens que celles qui ne le sont pas...

Si les nouveaux propriétaires ont commencé à voir des choses bizarres ou à entendre des bruits étranges dans leur célèbre demeure, ils avaient juste à téléphoner à l'agent, qui les aurait rassurés que personne d'autre ne partageait leur maison. Vous voyez, l'agent immobilier ne croyait pas aux fantômes.

NOTE : Dans ce récit, certains noms ont été changés.

DÉRANGER LES MORTS

Vancouver, Colombie-Britannique

Il s'appelait Johnny.

Pendant un certain temps, dans les années 1970, c'était le meilleur ami d'un petit garçon qui habitait avec sa mère dans un immeuble sur la rue Premier.

Johnny était le copain dont rêvaient tous les petits garçons solitaires. Grand et costaud, il faisait rire l'enfant aux éclats en lui racontant plein de choses intéressantes pendant des heures, même si ces conversations avaient lieu après minuit, ce que la mère du garçonnet n'appréciait pas particulièrement.

Malheureusement, Johnny s'avérait un problème pour la mère de l'enfant. En effet, c'était un fantôme avec lequel son fils était le seul à pouvoir communiquer. Et elle n'aimait certainement pas sa présence.

« Tout a commencé quand [mon fils] avait quatre mois. Je l'ai trouvé une nuit, assis dans son lit, riant aux éclats. Il était complètement épuisé, a raconté la femme aux journalistes à cette époque-là. Le nombre d'expériences a augmenté avec le temps. Quand il avait deux ans, je suis entrée dans sa chambre une nuit et j'ai trouvé la pièce sens dessus dessous. Les draps et les couvertures avaient été déchirés, les jouets, brisés et les pieds du lit, démontés. Je n'avais entendu aucun bruit avant d'entrer dans sa chambre. »

Elle a puni l'enfant, mais l'a regretté par la suite quand elle a compris qu'un enfant de deux ans ne pouvait pas avoir causé autant de dégâts.

Elle est devenue encore plus angoissée lorsque des membres de la nation Tsleil-Waututh ont prétendu que Johnny était un de leurs ancêtres. L'immeuble dans lequel vivaient la mère et son fils avait apparemment été construit sur le site d'un ancien cimetière de cette nation. Un représentant de la Vancouver Psychic Society et un chef de la nation Tsleil-Waututh ont fait le lien entre les phénomènes paranormaux et le cimetière.

Il a fallu attendre l'été 1976, alors que l'enfant avait environ trois ans, pour que sa mère réfléchisse sérieusement aux raisons du comportement bizarre de son fils. Cet été-là, des phénomènes étranges se sont produits : un abat-jour a tourné sur lui-même, des tiroirs de placard et des portes se sont ouverts d'eux-mêmes, un mélangeur culinaire est tombé et une bouteille décorative s'est envolée et est venue heurter un grand sofa.

La mère a commencé à lire des ouvrages sur les phénomènes psychiques et a même utilisé un plateau de Ouija. Une nuit, le plateau de jeu s'est mis à bouger tout seul. Un prêtre catholique a alors dit à la femme de le brûler.

Son médecin a pensé qu'elle faisait une dépression nerveuse, jusqu'à ce que les amis de la femme confirment ses récits.

Une voisine a affirmé qu'elle avait vu la femme vider l'eau souillée d'un vase de fleurs. À la table de la cuisine où toutes deux étaient assises, elles ont remarqué que l'eau était mystérieusement retournée dans le vase.

La même voisine avait vu une lampe suspendue se balancer, tandis que sa fille a raconté avoir entendu des grognements dans la maison, vu des tableaux bouger et l'abat-jour tourner sur lui-même.

Pourquoi la mère n'a-t-elle pas agi plus tôt? Elle a dit à un journaliste qu'il n'était pas facile de faire face à ce qui se produisait dans sa maison : « ... pendant les deux ou trois dernières années, Jason se réveillait régulièrement à minuit et parlait à Johnny jusqu'à quatre heures du matin; j'entendais une voix d'homme qui parlait à mon fils. Je me contentais de me cacher sous mes couvertures... c'était vraiment terrifiant. »

Elle a raconté que son fils a d'abord baptisé le visiteur invisible « Johnny » et qu'il l'a décrit comme un homme grand aux cheveux clairs. Le garçon a dit que l'homme ressemblait à « Daniel Boone en habits de peau de daim ».

Alors que le médium local et les membres de la nation Tsleil-Waututh ont affirmé que Johnny provenait du cimetière qu'on avait dérangé, d'autres gens ne partageaient pas cet avis.

Un psychologue de Vancouver ayant enquêté sur le cas a dit que les phénomènes pouvaient avoir été causés par la psychokinésie, c'est-à-dire la capacité qu'ont certaines personnes à posséder suffisamment d'« énergie mentale » pour déplacer les objets, et que « Johnny » était simplement la manière dont le garçonnet expliquait les phénomènes.

Le psychologue a fait remarquer, par exemple, que l'enfant décrivait Johnny comme étant grand et blond, tout comme le père du garçonnet qui ne vivait plus avec la famille. « Il se pourrait que l'enfant ait "anthropomorphisé" l'énergie psychique », a suggéré le spécialiste.

La mère du garçon a dit que l'enfant « avait vécu une expérience traumatisante lorsque son père avait quitté la maison. Il est extrêmement seul et tous les enfants ont un ami imaginaire. »

Pour sa part, la mère était beaucoup plus à l'aise de penser que la cause du problème était la psychokinésie et non un fantôme contrarié parce qu'on avait dérangé sa tombe.

LA MATERNITÉ DE TARLTON

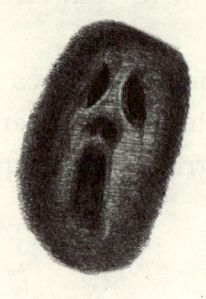

Swift Current, Saskatchewan

Marie Gibbs était une fillette de dix ans, demeurant à Swift Current, en Saskatchewan, quand son père a annoncé que la famille allait déménager dans une grande et vieille maison qu'il avait dénichée. Les logements se faisaient rares dans cette ville durant les années de la Grande Crise, et le prix du loyer était raisonnable ce qui rendait cette maison deux fois plus attrayante.

Toutefois, la mère de Marie n'était pas du tout de cet avis. Elle a discuté de ce projet avec son époux et a insisté :

« Je n'emménagerai jamais dans cette maison-là. »

Toutefois, il n'a pas pris en compte son opposition.

« C'est la seule maison qu'on peut se payer », a-t-il insisté.

Rien d'autre n'a été ajouté à ce sujet, mais Marie a remarqué que sa mère ne voulait jamais rester seule dans la maison la nuit. Avec le temps, elle a appris pourquoi sa mère avait peur.

« J'entendais des bruits étranges partout dans la maison, et encore plus la nuit quand des bruits de pas... montaient l'escalier, puis arpentaient un couloir en forme de L menant à la chambre que je partageais avec ma sœur aînée », a raconté Marie.

Une nuit en particulier, le père de Marie est arrivé en trombe dans la chambre des filles.

« Est-ce que tout va bien? a-t-il demandé, les sourcils froncés d'inquiétude. J'ai entendu quelqu'un marcher, puis la porte de votre chambre s'ouvrir. »

Les fillettes ont rassuré leur père inquiet. Elles étaient tout à fait en sécurité dans leur lit.

« J'ai dû faire un rêve », a-t-il dit avec un sourire.

Selon Marie, il a dit ça pour ne pas les inquiéter.

Il était évident que les inquiétudes de sa mère étaient, en partie, partagées par son père aussi.

Les bruits bizarres entendus la nuit sont devenus si routiniers pour Marie et les membres de sa famille qu'ils en parlaient rarement. Ce n'est qu'à force de questionner leur mère que Marie et sa sœur ont fini par apprendre la grande source de mécontentement que représentait l'obligation de vivre dans cette maison pour elle.

À une certaine époque, cette maison avait été la tristement célèbre maternité de Tarlton, un hôpital privé uniquement destiné aux femmes enceintes et dirigé par une propriétaire sage-femme réputée pour son comportement froid et ses manières antipathiques, surtout envers les femmes dont les bébés étaient mort-nés.

« Elle a fini folle dans un hôpital psychiatrique », a raconté Marie.

Peu de temps après la mort de sa directrice, la maternité a fermé ses portes et la propriété a été mise en location.

Ironie du sort, la sœur de Marie était née exactement dans la chambre qu'elle partageait maintenant avec Marie. Cette pièce était une salle d'accouchement de la maternité de Tarlton.

« Maman a passé quarante jours ici en raison d'un

accouchement très difficile et c'était quarante jours d'enfer », a relaté Marie.

De plus, sa mère lui a dit que la plupart de ses souffrances étaient attribuables à la cruauté de la sage-femme.

Selon Marie, les bruits mystérieux de pas et de portes étaient causés par les fantômes des nombreuses femmes qui étaient mortes en couches et revenaient réclamer leur bébé dans l'ancienne salle d'accouchement.

Ou peut-être que c'était la sage-femme elle-même qui continuait ses rondes de nuit, toujours à onze heures du soir, heure à laquelle les bruits de pas étaient les plus marqués.

La vieille maison, autrefois appelée maternité de Tarlton, existe toujours à Swift Current. Il semblerait selon Marie Gibbs que les locataires n'y restent jamais très longtemps.

Et elle sait pourquoi.

LA MAISON DE QUARANTAINE

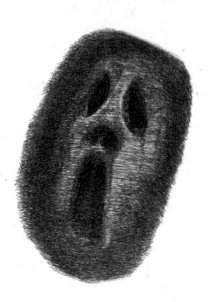

La ferme Beckley, Colombie-Britannique

La plus courte histoire de maison hantée en Amérique du Nord pourrait bien avoir été celle de la ferme Beckley, construite à la fin des années 1860 ou au tout début des années 1870 (les archives ne sont pas claires), entre la rue Dallas, le long du front de mer de Victoria, et le rivage. Au bout de quelques années seulement, elle a été démolie, mais avant, elle a eu le temps d'apporter la mort et le malheur à de nombreuses personnes y ayant vécu... et la conviction parmi les habitants de Victoria que ces malheureux défunts hantaient les lieux.

George E. Nias avait bâti la maison, une écurie et d'autres dépendances, et il avait baptisé l'ensemble « la ferme Beckley ». Mais Nias n'y a jamais habité. On ne sait pour quelle raison, il est parti vivre en Australie et a abandonné la ferme Beckley.

La véritable histoire de la ferme Beckley a débuté en 1871, quand une épidémie de variole, survenue à bord du navire *Prince Alfred*, a attiré l'attention sur la ferme. Le navire est passé par San Francisco, Victoria et Nanaimo. Au cours d'une escale à Victoria, sept passagers ont été frappés par la terrible maladie. On a rapidement pris la décision d'envoyer les personnes infectées en quarantaine à la ferme Beckley. On a réparé la maison à la hâte et on y a placé un drapeau jaune pour aviser que la ferme était désormais une « maison de quarantaine ».

Le *Prince Alfred* a poursuivi sa route en direction de Nanaimo, ville située plus au nord sur l'île de Vancouver, sur le détroit de Georgia, puis est redescendu à Victoria. Lors de la seconde escale à Victoria, on a diagnostiqué la variole chez un membre de l'équipage et on l'a envoyé, lui aussi, à la ferme Beckley.

L'un des sept premiers passagers, une adolescente dénommée Bertha Whitney, est décédée le 23 juin 1872. Le marin du *Prince Alfred* a lui aussi succombé à la maladie. Tous deux ont été enterrés sur le terrain de la ferme Beckley.

Ces deux décès ont été à l'origine des premières rumeurs voulant que la ferme Beckley soit maudite, même si les six autres passagers du navire s'étaient tous rétablis. Une fois guéris, ils sont partis et la ferme a de nouveau été laissée à l'abandon.

Quelques mois plus tard, un étranger du nom de P. Lackle, originaire de San Francisco, s'est enregistré dans le vieil hôtel Angel de Victoria. Il y est demeuré seul pendant plusieurs semaines, puis a annoncé au gérant de l'hôtel que son épouse devait bientôt arriver d'Angleterre et qu'ils auraient besoin d'un endroit où habiter.

Le gérant lui a alors suggéré d'aller voir la vieille maison de quarantaine, la ferme Beckley.

C'est ce qu'il a fait. Pendant plusieurs jours, on l'a vu arpenter la propriété, en prenant des notes sur les réparations à faire pour rendre la maison habitable.

Puis un matin, un incident étrange a été rapporté. Un résident de l'hôtel Angel passait par hasard près de la ferme

Beckley. Alors qu'il s'approchait de la maison, il a remarqué l'homme – connu sous le nom de Lackle – et une femme, engagés dans une vive dispute. La femme a brusquement frappé Lackle, puis s'est enfuie. On ne l'a plus jamais revue.

On a retrouvé l'homme, qui se faisait appeler P. Lackle, mort des suites d'une blessure par balle, qu'il s'était lui-même infligée, le 17 février 1873, dans une écurie de la ferme Beckley. Son véritable nom de famille était Stocker, et il était originaire d'Écosse. On n'a jamais découvert ce qu'il faisait au juste à Victoria, ni pour quelle raison il se servait d'une fausse identité.

Puisque la femme qui l'avait frappé avait disparu, on a supposé qu'il l'avait assassinée, puis s'était suicidé. Quatre décès étaient désormais liés à la ferme Beckley. Les habitants de Victoria ont commencé à rapporter des faits étranges observés sur ce lieu : des lumières brillant dans certains des vieux bâtiments et des cris de femme terrifiants.

Ces phénomènes n'ont pas duré longtemps. Les bâtiments ont mystérieusement brûlé à la fin de 1873. On n'a trouvé aucune cause à l'incendie, même si l'on a supposé que les lumières vues par les gens en étaient responsables d'une manière ou d'une autre.

La saga de la ferme Beckley comporte un épilogue.

Une femme, comptant parmi les premiers passagers placés en quarantaine à la ferme Beckley et ayant survécu à la maladie, s'était installée à New Westminster. Un jour, alors qu'elle triait ses vêtements, elle est tombée sur une robe qu'elle avait depuis longtemps. Elle l'a envoyée chez une couturière pour y faire des retouches. En l'espace de quelques jours, la couturière et plusieurs de ses assistantes sont tombées gravement malades et sont mortes. Un médecin a déclaré que les décès étaient dus à la variole et a supposé que le virus de cette maladie avait été transmis par la robe.

Toute preuve physique de l'existence réelle de la ferme Beckley a depuis longtemps disparu et été oubliée. Et une maison aussi maudite que celle-ci se passe de toute sentimentalité.

DISPARITION ÉTRANGE

Holyrood, Terre-Neuve-et-Labrador

La petite communauté de deux mille habitants, située à l'extrémité sud de la baie de la Conception, entretient des liens depuis toujours avec la mer et les gens de la mer.

Dans les années 1860, John Mackay et son beau-père, John Cunningham, étaient propriétaires d'une importante entreprise de pêche dans le village, dans ce qu'on appelle le bras nord de Holyrood. La goélette de pêche de Mackay était un bateau de soixante-dix tonnes baptisé *Isle of Skye*, muni d'un mât de misaine et d'un grand mât.

Au début du mois d'octobre 1865, Mackay, Cunningham et leur équipage ont fait une bonne pêche sur les bancs du Labrador, puis sont retournés chez eux. On les a vus pour la dernière fois la nuit du 10 octobre, alors qu'ils traversaient la baie Notre Dame, au nord-ouest de Fogo. Il y a eu un terrible nordet tôt le lendemain et le *Isle of Skye* s'est perdu.

Toutefois, dans la nuit du 11 octobre, un curieux incident a amené les résidents de Holyrood à penser que Mackay et Cunningham avaient essuyé une tempête. À environ dix heures du soir, les habitants vivant le long de la rive sud, à l'ouest de Runaway Rock, ont entendu de grands cris et des appels provenant des eaux : Allô! Vague déferlante à l'horizon! » Des hommes ont sauté dans leurs bateaux et ont ramé en direction de la baie afin d'aider ce qu'ils croyaient être un navire en détresse. On avait allumé des feux sur le rivage pour guider l'embarcation perdue en mer.

Bien que les recherches aient duré des heures, on n'a trouvé aucune trace de bateau. Les cris s'étaient évanouis et les sauveteurs sont rentrés chez eux perplexes... et inquiets.

La même nuit, peu de temps après s'être couché, Denis Penney, qui habitait sur la côte près du bras nord, a entendu un grand « plouf » et le bruit d'une chaîne d'ancre qu'on jette à l'eau. Son fils se trouvait à bord du *Isle of Skye*. Penney était certain que la goélette était revenue. Il s'est levé pour allumer un feu, s'attendant à voir son fils franchir bientôt le seuil de la porte d'entrée.

Mais ce n'est pas ce qui est arrivé.

Quelque temps plus tard, on a découvert l'épave du *Isle of Skye* à Moulton's Harbour Head, près de Twillingate, sur la côte nord-est, à plusieurs centaines de kilomètres de Holyrood.

Ils sont nombreux à croire que Mackay et Cunningham ont essayé de revenir chez eux sous forme d'esprits, à défaut de le faire en chair et en os.

MALÉDICTION SUR UN BATEAU

Quelque part, au large d'Haïti

Les hommes et les femmes de la mer se gardent bien d'ignorer les superstitions maritimes. Aucun autre groupe n'a sans doute autant de présages, de prémonitions ou d'avertissements de malheur imminent que les gens qui tirent leur subsistance des océans de la planète.

Il existe au moins deux superstitions que l'on ne devrait pas ignorer si l'on souhaite voguer en toute sécurité sur les mers. Sinon, on risque de subir le même sort que le *Raven*, un yacht dont l'équipage était canadien et qui a fait naufrage sur un récif des Caraïbes, il y a plusieurs décennies.

Le ketch souffrait de deux handicaps : lors de sa mise à la mer, on avait changé son nom initial *Danebrog* pour le baptiser *Raven*; pire encore, il portait le nom d'un oiseau, en l'occurrence celui d'un corbeau. Les marins sages ne bravent pas ces tabous!

Mais les problèmes du *Raven* ne s'arrêtaient pas à la transgression des superstitions maritimes. Le fantôme de son constructeur errait sur les ponts du bateau.

En 1921, le bateau, alors baptisé *Danebrog*, était en construction au Danemark, quand son constructeur s'est tué en tombant d'un pont. On ne sait pas au juste s'il y a eu une enquête, et si le décès était purement accidentel.

Entre 1921 et 1972 – l'année du naufrage du bateau sur un récif des Caraïbes –, on ne sait rien de l'histoire du *Danebrog*. Mais au début des années 1970, Jan deGroot, directeur de la Vancouver Sailing Academy, est parti de Nassau pour ramener le bateau danois en Colombie-Britannique. Il a offert 1 000 dollars aux étudiants en navigation de Vancouver pour être membres d'équipage, ainsi que le vol par avion vers Nassau. Ils devaient aider deGroot durant la longue traversée à destination de la Colombie-Britannique.

Toutefois, quand les étudiants, deGroot, son épouse et Joan Whiteley, 24 ans, sont arrivés à Nassau, ils ont découvert l'existence d'un problème grave à bord du bateau, désormais baptisé *Raven*.

L'équipage américain, qui avait gouverné le bateau du Danemark jusqu'aux Bahamas, a déclaré qu'il était maudit. Le yacht avait subi des accidents durant sa traversée de l'Atlantique, des bruits de pas résonnaient sur les ponts alors que personne n'y était et, pire encore, le bateau avait failli couler dans la baie de Biscay.

Certains membres d'équipage ont dit dans un murmure qu'ils avaient même aperçu le fantôme du défunt constructeur. Aucun d'entre eux ne s'est porté volontaire pour rester à bord du bateau jusqu'à Vancouver.

DeGroot et son équipage formé de 22 personnes ont alors quitté Nassau sous le commandement du capitaine hollandais Bert Mooy. Il était prévu d'accoster brièvement à Haïti et de conjurer la superstition du changement de nom en rebaptisant le bateau *Danebrog*. Mais le capitaine étant néerlandais, le changement de nom devait s'effectuer dans un port régi par les Pays-Bas. DeGroot a donc décidé de quitter Haïti pour aller en Jamaïque puis, de là, se rendre dans le port de Curaçao, dans les Antilles néerlandaises.

Toutefois, peu de temps après avoir quitté Port-au-Prince, la malédiction affligeant le *Raven* est devenue évidente.

Joan Whiteley était endormie dans le pont inférieur, peu de temps avant son quart de quatre heures du matin, quand quelque chose l'a réveillée.

« J'étais dans ma cabine et j'essayais de dormir... Brusquement, j'ai eu une sensation qui m'a donné la chair de poule, et quand j'ai relevé la tête, j'ai vu un homme habillé en bleu qui était là, debout, a-t-elle raconté plus tard. Il avait l'air de donner des ordres à un marin et il agitait les bras. »

Le fantôme était d'âge moyen et portait des vêtements des années 1920. Whiteley a pensé qu'il s'agissait du fantôme du constructeur du bateau.

Quatre heures plus tard, le *Raven* a heurté un récif, près d'Haïti. Whiteley a vécu sa deuxième rencontre surnaturelle alors qu'elle était assise dans la timonerie en compagnie d'Elsie deGroot.

« On était bien encastrés dans le récif et on ne risquait pas de couler. J'ai eu encore une fois cette sensation de lourdeur et de chair de poule. Des larmes ont commencé à couler sur mes joues et j'ai senti que le fantôme quittait le bateau. »

Selon Joan Whiteley, rien n'aurait pu sauver le bateau. Le *Raven* était frappé d'une malédiction depuis le décès de son constructeur. Ce n'était plus qu'une question de temps...

RENCONTRE FORTUITE

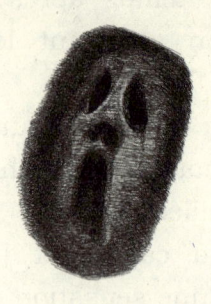

Montréal, Québec

Émile Charles Hamel était un journaliste très en vue, un écrivain et un ancien employé de Radio-Canada à Montréal. Il n'y avait donc rien de surprenant pour Pierrette Champoux, elle-même auteure et animatrice de télévision reconnue, de rencontrer son vieil ami au congrès de l'Association canadienne des journalistes, en 1961, à l'hôtel Reine Elizabeth.

Pendant quelques minutes, ils ont échangé des plaisanteries, puis se sont quittés. Le seul élément bizarre de cette rencontre, c'est que Pierrette avait eu la nette impression qu'Émile avait omis de lui dire quelque chose.

Et c'était effectivement le cas. Ce qu'il ne lui avait pas dit, c'est qu'elle venait tout juste d'avoir une conversation avec un fantôme.

Pierrette Champoux a joui d'une carrière remarquable en tant qu'écrivaine, critique de mode, animatrice de télévision et globe-trotter. De fait, ses voyages l'ont conduite dans les coins les plus reculés de la planète, lui ont permis de rencontrer des personnalités célèbres et influentes et de vivre de nombreuses aventures fascinantes. Elle a raconté sa vie dans des journaux, des magazines et dans ses ouvrages les plus récents, intitulés *Parle-moi du Canada*, *Raconte-moi Montréal* et *Les Pionnières*. Son style unique allait même jusqu'à envoyer du papier à lettres estampé d'une photo d'elle, posant au milieu d'un groupe de pygmées ougandais, prise durant l'un de ses safaris africains.

Toutefois, rien de sa vie publique ne l'avait préparée pour l'aventure qu'elle a vécue en 1961 avec un fantôme et qu'elle a racontée par la suite à l'écrivaine Eileen Sonin.

Dans le milieu de l'après-midi, le samedi 18 novembre 1961, Pierrette avait quitté une assemblée agréable de confrères journalistes présents au congrès. Les réunions se déroulaient parfaitement et le dîner avait été servi, mais Pierrette avait décidé de s'en aller.

Juste à la sortie, une main est venue lui toucher le bras. Elle s'est retournée et a vu Émile Charles Hamel, un bon ami de Pierrette et de sa sœur. Elle n'avait pas vu Émile depuis un certain temps. Il lui a baisé élégamment la main et ils ont gentiment discuté. Pierrette a parlé de ses expériences récentes et Émile, de tout le travail qu'il avait à terminer. Quand elle lui a demandé s'il en avait vraiment beaucoup, il a fait oui de la tête.

« J'ai vraiment beaucoup de travail en ce moment », lui a-t-il dit.

Elle a décliné l'invitation de son ami à partager le buffet, car elle s'était déjà servie, et Émile et Pierrette se sont serré la main chaleureusement. Il a dit qu'ils devraient se voir plus souvent et, s'est-elle souvenue par la suite, on aurait dit qu'il avait autre chose en tête. Cependant, il n'en a pas dit davantage et s'est éloigné.

Pierrette avait oublié cet incident lorsque le lundi soir, soit deux jours plus tard, sa sœur a mentionné par hasard qu'elle avait lu dans le journal du samedi l'annonce de la mort soudaine, le matin même, de leur ami, Émile Charles

Hamel.

Pierrette Champoux est restée sidérée.

« Le journal avait dû faire une erreur puisque Émile était bien vivant le samedi après-midi. Ce n'est pas comme si je l'avais à peine reconnu à l'autre bout de la salle à manger, a-t-elle dit à l'écrivaine Eileen Sonin. Il m'a arrêtée alors que je partais, m'a baisé la main et nous avons discuté pendant un bon bout de temps. Je sais que c'était Émile. Je reconnais forcément mes amis quand je les rencontre.»

Toutefois, sa sœur a insisté, affirmant que ça ne pouvait pas être lui puisque le journal avait mentionné qu'il était décédé aux alentours de huit heures du matin, soit environ six heures avant que Pierrette ne lui parle à l'hôtel Reine Elizabeth.

Pierrette a téléphoné à l'Hôpital général de Verdun, là où Émile était décédé, selon le journal. La nouvelle a été confirmée. Émile Hamel avait été admis à l'urgence le vendredi soir et était mort de manière tout à fait inattendue le samedi matin.

Pierrette n'arrivait pas à croire ce que toutes les preuves et les faits lui indiquaient : que pour une raison ou une autre, elle avait discuté avec le fantôme d'Émile. Pour cette femme habituée à être toujours bien ancrée dans la réalité et à fonder ses opinions sur des éléments d'information vérifiables, cela n'était pas logique.

Durant la semaine qui a suivi, Pierrette a analysé de près les nombreux articles parus dans la presse québécoise sur le décès d'Émile. Étant un membre important des médias, son décès inattendu avait retenu l'attention. Les photographies publiées dans les articles étaient bien celles de l'homme que Pierrette avait vu à l'hôtel. C'était bien la seule chose dont elle était sûre.

« J'étais tellement nerveuse et contrariée », a-t-elle dit.

Même le prêtre de sa paroisse lui a assuré qu'il la croyait et qu'il aurait bien voulu vivre cette expérience!

Pierrette Champoux a vécu plusieurs autres expériences surnaturelles depuis sa rencontre avec le fantôme d'Émile Charles Hamel, en 1961. Elle envisage de les publier dans un livre.

Et pourtant, elle est encore perplexe à cause du premier incident. Pourquoi l'a-t-il choisie, elle, pour faire une apparition? Pourquoi sa conversation avec un fantôme semblait-elle si normale, si totalement ordinaire? On pourrait s'attendre à ce que des nouvelles plus importantes soient transmises entre le corporel et l'incorporel.

Ces questions n'ont jamais eu de réponse. Toutefois, Pierrette n'a jamais contesté la réalité de cette rencontre fortuite : elle avait parlé à un homme qui était mort depuis plusieurs heures et n'a jamais eu le sentiment lors de cette rencontre que quelque chose d'extraordinaire se passait. De cela, elle est absolument certaine.

L'AUTOSTOPPEUSE

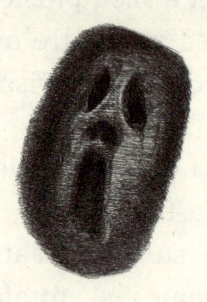

Vancouver, Colombie-Britannique

Au cas où l'on croirait à tort que les seuls fantômes de Vancouver demeurent dans de grandes et vieilles maisons, cette ville splendide, située sur le détroit de Georgia, a offert un refuge à toutes sortes de formes venues d'un autre monde.

La mort tragique d'une jeune femme, étudiante à l'Université de la Colombie-Britannique, a donné naissance à un autre récit de fantôme raconté à Vancouver. Elle est devenue le fantôme autostoppeur, une version canadienne de la célèbre *Resurrection Mary* de Chicago.

On raconte que la femme était passagère dans l'automobile d'un autre étudiant. Roulant à grande vitesse, il a eu un accident sur le boulevard University et elle est morte sur le coup. Elle erre à cet endroit, attendant que quelqu'un la ramène chez ses parents. Selon une version de l'histoire, la jeune fille disparaît quand une automobile s'arrête; selon une autre version, elle monte dans la voiture et donne l'adresse de ses parents. Quand le conducteur arrive au lieu indiqué, elle a disparu.

De jeunes femmes fantomatiques attendant le long des autoroutes apparaissent dans des histoires de fantômes connues dans presque tous les états et provinces de l'Amérique du Nord. Celle de Vancouver ne diffère que par le fait qu'il s'agit d'une étudiante de l'Université de Colombie-Britannique.

LA PIERRE TOMBALE

Hamilton, Ontario

L'entreprise de démolition de Mike Cino avait presque terminé d'abattre le deuxième étage du vieil immeuble qu'elle devait raser à Hamilton, à l'automne 1982. L'ouvrage avançait normalement. Rien de fâcheux ni de terriblement anormal ne s'était produit. Les ouvriers avaient trouvé sur place le bric-à-brac et le fatras habituels, mais certainement rien pour retarder leur échéancier.

Mais un jour, un ouvrier a cru entendre un bruit étrange provenant de l'intérieur du bâtiment, pendant que les machines en arrachaient la structure. Toutefois, il l'a mis sur le compte des gémissements d'une maison bien construite, qui s'abandonnait à contrecœur au boulet de démolition.

C'est alors que les ouvriers ont découvert la pierre tombale.

Dissimulée dans un mur du deuxième étage, le haut de la pierre portait les mots gravés NOTRE BÉBÉ. Au-dessous, deux noms étaient encore très lisibles : *Martha Louise, 1888* et *Emma Grace, 9 nov. 1879.*

Personne ne savait qui pouvaient être ces petits enfants ni de quoi ils étaient morts. Mike Cino ne pouvait pas expliquer pourquoi la pierre avait été placée à cet endroit, si ce n'est peut-être pour qu'elle serve à étayer le mur.

Toutefois, la découverte a joué un rôle essentiel dans la résolution d'un mystère vieux de onze ans : la cause possible des visites effrayantes d'un fantôme aperçu par deux anciens résidents de l'immeuble.

Norm Bilotti travaillait dans l'atelier de composition du journal *Hamilton Spectator*, au début des années 1970. Il habitait dans la maison avec sa femme, Sherrie. Leur rencontre avec le surnaturel s'est produite d'une manière assez inattendue, au milieu de la nuit, à deux reprises.

La première fois, Norm s'est réveillé en sursaut quand sa femme a poussé un hurlement dans le lit, à côté de lui. Il a cligné des yeux dans l'obscurité, jusqu'à ce qu'il soit capable de distinguer ce que sa femme avait vu : une forme humaine vêtue d'une longue robe, planant au-dessus de leur lit. Il ne voyait aucun visage. Il ne savait pas s'il s'agissait d'un homme ou d'une femme. Il savait seulement que la forme était là.

« Si ma femme avait été la seule à la voir, je l'aurais prise pour une folle », a dit Norm dans un compte rendu de l'incident fait à la Presse Canadienne. « Si j'avais été le seul à la voir, je me serais pris pour un fou. Mais nous l'avons vue tous les deux. »

La silhouette a disparu quand Norm a allumé la lumière.

La deuxième fois, ils ont su avec certitude que ni l'un ni l'autre ne rêvaient. Cette nuit-là, Norm a réveillé sa femme par ses cris, car il l'a vue le premier. Une femme sans jambes planait près d'eux, les yeux exorbités d'une manière grotesque. Et ses cheveux... ils étaient dressés sur sa tête, comme si elle avait mis son doigt dans une prise électrique. Elle n'a pas dit un mot, puis a disparu.

Malgré ces apparitions nocturnes troublantes, les Bilotti étaient quand même curieux de connaître l'identité du fantôme. Ils ont pensé qu'un chasseur de fantômes pourrait leur fournir des indices. Ils ont donc fait appel à Malcolm Bessent, du Rosary Hill College de Buffalo, dans l'état de New York.

Malcolm Bessent a visité la maison et y a immédiatement ressenti une « présence ».

— Je crois que quelque chose se cache dans ce coin... mais quoi, je ne le sais pas, a-t-il dit en montrant du doigt une section d'un mur. Je suis particulièrement attiré vers ce coin en particulier. La cause de cette manifestation se trouve probablement là.

Les Bilotti n'ont plus jamais reçu la visite de cette mystérieuse femme. Puis ils ont déménagé peu de temps après. Ils ont cru que l'on n'entendrait plus jamais parler du fantôme jusqu'à ce que... l'équipe de Mike Cino entreprenne de démolir la vieille maison. L'entrepreneur n'a pas été surpris de découvrir la pierre tombale datant du dix-neuvième siècle – après tout, il avait déjà trouvé une *bombe* dans un des lieux où il avait travaillé – mais c'était quand même un peu bizarre que l'on se serve d'un tel objet pour consolider un mur.

Norm Bilotti a appris la découverte qu'on avait faite. Du coup il a compris toute l'histoire, ce qui lui a glacé le sang!

On avait trouvé la pierre tombale juste au-dessus de la chambre dans laquelle le couple avait vu le fantôme. Qui plus est, Malcolm Bessent avait montré du doigt la section précise du mur où l'on avait découvert la pierre. Norm et Sherrie avaient vu un fantôme... lequel était relié d'une manière ou d'une autre à la pierre tombale.

L'identité des deux enfants inscrits sur la pierre n'a jamais été établie. Était-ce leur mère que les Bilotti avaient vue? Si tel était le cas, serait-ce la preuve qu'une mère prend soin de ses enfants... même après la mort?

MON PÈRE

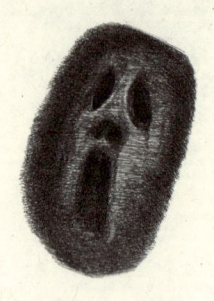

Montréal, Québec

Jocelyne Choquette emménage sur la rue Saint-André, à Montréal, ville très cosmopolite et vivante. Jusqu'au 11 janvier 1990, elle vivait chez ses parents âgés. Ce jour-là, le père de Jocelyne, Philippe Choquette, est décédé à l'âge de soixante-neuf ans.

Il est *parti*, comme on pourrait dire aussi en parlant d'un mort, mais en réalité, il est plutôt *resté*.

Tout d'abord, l'instant de la mort de Philippe correspond presque exactement à celui de la mort de sa sœur. Elle est morte en juillet 1987, au même âge, le même jour du mois et à la même heure que son frère décédé trois ans plus tard.

Et ceci n'est que le début de cette histoire étrange. Philippe passe constamment visiter sa fille et son épouse.

« Durant toute l'année [1993], mon père... est apparu soit en rêve, soit sous une forme physique, nous donnant des conseils ou nous avertissant des dangers, a raconté Jocelyne. Et tout ce qu'il nous a dit s'est avéré exact. »

Le père de Jocelyne apparaît toujours vêtu des habits qu'il portait le jour de sa mort.

Jocelyne et sa mère n'ont pas reçu beaucoup de soutien des autres membres de leur famille, quand ceux-ci ont pris connaissance de la présence constante de Philippe, ce qui n'est pas vraiment surprenant.

Jocelyne fait fi de ce scepticisme. Elle est heureuse que son père soit près d'elle et de sa mère. Ce qu'elle aime surtout, ce sont les moments où il lui explique des choses qui se réalisent par la suite.

« Par exemple, j'ai fait un rêve en 1991 à propos de mon père. C'était deux semaines avant Noël. Dans ce rêve, mon père me prévenait que ma mère et moi-même aurions une grande surprise le jour de Noël. Il nous a assurées qu'il était capable de tout faire et qu'on ne lui refusait rien. Dans l'expectative, j'étais très curieuse et angoissée », a-t-elle raconté.

Noël s'est passé sans la moindre « surprise », que Jocelyne et sa mère auraient pu reconnaître. Elles n'en ont connu la raison que quelques jours plus tard.

« Au jour de l'An, mon père est apparu très clairement à mes côtés, le regard déçu. J'ai tout de suite compris qu'il avait espéré revenir à Noël en chair et en os. »

La mère de Jocelyne, Yvette Lamontagne Choquette, a vu son défunt époux à plusieurs reprises, soit dans la cuisine, soit dans la salle à manger.

« Très souvent, on pouvait sentir soudainement, dans toute la pièce, l'odeur de son eau de Cologne, a raconté Jocelyne. Quelquefois, l'odeur était suivie ou précédée d'un autre parfum, très agréable aussi ».

Les apparitions de Philippe se produisent le plus souvent le matin ou en fin d'après-midi, mais rarement la nuit. Les deux frères de Jocelyne n'ont jamais reçu la visite de leur défunt père.

Le fantôme insiste aussi beaucoup pour donner des conseils à sa fille. Les quelques fois où elle ne les a pas suivis, elle a dû « faire face à beaucoup de problèmes.

Aujourd'hui, quand mon père me donne un conseil, je l'écoute même si ce qui nous arrive est très difficile à comprendre. »

Ce qui serait le cas pour n'importe qui.

UN FANTÔME CHORISTE

Vancouver, Colombie-Britannique

En juin 1993, les employés des Studios Mushroom sur la rue West Sixth, à Vancouver, ont parlé au journaliste Peter Clough d'un choriste mystérieux, dont on entendait la voix fredonnant « Ouh-houh » sur un album enregistré par les chanteurs folk Bourne et MacLeod.

La gérante du studio a dit que la voix pouvait être celle du fantôme qui hantait l'immeuble depuis la fin des années 1970.

« Personne ne sait au juste qui est le fantôme, mais on a découvert qu'il y a très, très longtemps, ce lieu était un site cérémoniel amérindien », a dit la gérante.

Elle a raconté que l'esprit est attiré par la musique, surtout quand celle-ci comporte des percussions ou des chœurs. Deux ingénieurs ont aperçu brièvement ce qu'ils ont cru être un fantôme, mais ils n'ont pas été en mesure d'en donner une description.

« LE LIEU LE PLUS SINISTRE QUE JE CONNAISSE »

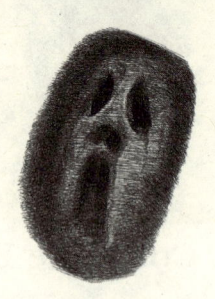

Devil's Island, Nouvelle-Écosse

C'est en ces mots que Jack Conrod, gardien depuis longtemps de Devil's Island, un bout de sable et de broussailles de vingt-cinq acres, situé près de l'entrée du port d'Halifax, en Nouvelle-Écosse, a décrit le lieu qu'il connaissait bien. Bien que l'endroit ne se trouve qu'à un kilomètre de la localité d'Eastern Passage, a dit Conrod, « il aurait aussi bien pu être au milieu de l'Atlantique. On peut y rester en rade... »

Mais ce qui inquiète les gens, ce n'est pas d'y rester en rade, mais plutôt de savoir si tous les récits racontés au sujet de l'île et propres à faire dresser les cheveux sur la tête sont un tant soit peu véridiques.

Bien qu'elle ait été colonisée au début du dix-huitième siècle, la petite île battue par les vents n'a gagné sa réputation qu'au siècle dernier. Cela s'explique sans doute de deux manières : les rayons du soleil levant et couchant étaient réfléchis dans les fenêtres du phare, donnant l'impression que le bâtiment était en feu; en outre, de nombreuses personnes ont trouvé la mort dans les eaux tumultueuses entourant cette île encerclée de récifs. Des familles n'ont vécu là qu'occasionnellement, tirant leur subsistance de la pêche, mais la plupart d'entre elles ont quitté l'île depuis des décennies.

En 1977, un homme originaire de Whitehorse, au Yukon, a accepté l'offre faite par le propriétaire de l'île, Bill Mont, d'y habiter sans payer de loyer. On raconte qu'il n'y est resté qu'une semaine, avant de partir pour on ne sait où.

Clarence Henneberry a passé les soixante premières années de sa vie sur Devil's Island jusqu'à ce qu'on le force, ainsi que les autres résidents, à quitter le lieu en 1945, en raison des restrictions militaires causées par la guerre. Aux yeux des fonctionnaires gouvernementaux, les résidents de l'île pouvaient voir une trop grande partie des activités navales se déroulant dans le port d'Halifax et aux alentours.

Henneberry ne croyait pas aux fantômes, mais il avait vécu suffisamment d'expériences étranges sur l'île pour ne pas plaisanter avec le surnaturel.

En face de l'île où il avait grandi, il y avait une maison qui semble-t-il abritait des mauvais esprits.

« Quelque chose clochait dans cette maison, a dit Henneberry. J'ai vu son toit en flammes une demi-douzaine de fois. Une fois, je suis monté sur le toit et l'ai touché avec ma main. Il était aussi froid que cette table de cuisine. »

Et il y avait aussi la « lampe qui se déplaçait d'elle-même ».

La lanterne que personne ne tenait « allait de la maison vers les buissons, puis revenait... Je voulais la voir, mais mon père ne me laissait pas y aller. Je n'avais pas peur », a insisté Henneberry.

En Nouvelle-Écosse, comme dans de nombreuses autres régions du monde, certains croient aux prémonitions, qu'elles prennent la forme d'apparitions de parents décédés ou bien de présages associés à une tragédie à venir.

Clarence Henneberry a été le témoin d'une prémonition. Son frère Charlie est apparu devant lui, pendant la nuit.

« Je me suis réveillé et il était dans ma chambre dans des vêtements mouillés. Je lui ai demandé ce qu'il faisait chez moi et il ne m'a pas répondu. Il n'est resté qu'une minute. »

Henneberry n'a plus repensé à l'incident jusqu'au lendemain. Sa famille a alors reçu la nouvelle que Charlie s'était noyé la nuit même où il était apparu devant Clarence.

LA FEMME ENCHAÎNÉE

Victoria, Colombie-Britannique

La maison Tod, sur la rue Heron à Oak Bay, la plus vieille maison de Victoria, aurait pu être nommée à juste titre la demeure la plus hantée de cette ville.

Construite en 1848, par un Écossais, John Tod, agent principal de la Compagnie de la baie d'Hudson pendant plus de quarante ans, la vaste maison blanche était située à l'origine sur un terrain de quatre cents acres. Ce monsieur Tod, immensément riche et influent, était membre du premier conseil législatif de Vancouver et, comme certains l'ont écrit, un des premiers riches oisifs de Victoria.

À sa mort en 1882, à l'âge de quatre-vingt-onze ans, l'homme grand et émacié était le plus vieil habitant de la Colombie-Britannique. L'un des porteurs de son cercueil était le célèbre juge, Matthew Bailey Begbie, renommé pour toujours décider d'envoyer à la potence.

La maison Tod est une structure en bois dont les fondations sont d'énormes poutres. Il y a quelques années, l'une de ses propriétaires, Waveney Massie et son époux se sont fait un point d'honneur de restaurer la demeure et de lui redonner sa beauté initiale. Ils ont meublé la maison avec des antiquités canadiennes et des meubles d'époque.

Selon un observateur, la restauration des Massie était une telle réussite qu'on aurait facilement cru que « John Tod était encore le maître de la maison et qu'il aurait pu apparaître d'un moment à l'autre ». La table était toujours dressée, comme si les Massie attendaient Tod et des invités pour dîner.

Ce serait la dernière épouse de Tod – il s'est marié sept fois et a eu dix enfants – qui hanterait la maison. C'était une Autochtone qui serait devenue folle et aurait été gardée enchaînée dans une petite pièce.

Il y a de nombreuses années, deux invités de la maison ont été réveillés en pleine nuit par le gémissement d'un spectre féminin, les poignets et les chevilles enchaînés. « Ils ont dit qu'elle tendait les bras, comme pour implorer qu'on lui retire ses chaînes », a raconté Waveney Massie à un journaliste.

Mme Massie racontait toujours volontiers l'histoire de la maison en détail et celle du fantôme qui y avait aussi habité et ajoutait aussi ses propres expériences étranges.

« Cette porte menant au sous-sol et au tunnel secret... avait l'habitude de s'ouvrir toute seule. Et au salon, cette chaise berçante se balançait et se balançait. Et cette vieille jarre à biscuits, suspendue à un crochet près du feu, elle se balançait elle aussi. Et un jour de Noël, les locataires ont trouvé toutes leurs décorations éparpillées sur le plancher du salon et personne n'a su comment elles étaient arrivées là », a-t-elle raconté.

L'entrée du vieux tunnel dont parlait Mme Massie était bloquée par des planches, mais il était censé conduire à une plage présente sous la maison.

Mme Massie a dit que le fantôme de la maison Tod est devenu plus tranquille après un incident troublant s'étant produit dans le jardin. « Un des premiers propriétaires de la maison creusait le jardin pour y installer une nouvelle cuve à mazout quand il a déterré des ossements humains, qui se sont effrités dès qu'il les a touchés. Personne ne sait à qui ils ont appartenu, mais à partir de ce moment-là, il n'y a plus eu aucune expérience de fantômes. »

Les expériences de deux journalistes du *Vancouver Sun*, qui avaient passé une nuit dans la maison Tod, quelques années avant que les Massie ne l'acquièrent, ont ajouté foi à l'histoire des Massie.

Le journaliste Chris Crombie et le photographe George Vipond n'ont pas vu de fantôme, mais il s'est produit un tas d'autres incidents pour lesquels ils « n'avaient aucune explication ».

Crombie a écrit :

« Dans la nuit, nous avons entendu le grincement du portail de la palissade blanche dehors, alors qu'il tournait sur ses gonds, suivi par un crissement de pas dans l'allée; mais personne n'est venu à la porte et quand nous avons regardé dehors, il n'y avait que l'allée obscure et la palissade blanche qui brillait dans le clair de lune. »

Le journaliste a indiqué que leur expérience avait eu lieu trois ans avant les événements dont Mme Massie avait parlé. En plus de voir la jarre à biscuits se balancer, les propriétaires avaient également vu des chapeaux sauter d'une patère et une porte s'ouvrir toute seule, et ils avaient entendu des voix « indistinctes » et des bruits de pas.

Au moment où Crombie et Vipond avaient visité la maison Tod, celle-ci appartenait au colonel T.C. Evans, qui l'avait achetée en 1944. Les journalistes en étaient revenus « mi-sceptiques, mi-convaincus ».

« Peu après minuit, nous étions assis dans le salon où aucun visiteur n'a jamais dormi paisiblement une nuit complète et où peu de gens sont prêts à retourner pour une seconde nuit, a écrit Crombie. Nous avons entendu quatre coups sourds, mais distincts et avons pensé à la dernière épouse de John Tod, qui était devenue folle et avait été enchaînée dans un petit appentis, qui n'existe plus aujourd'hui, mais qui menait au salon. Nous avons pensé aux vaines tentatives que cette femme rendue folle avait dû faire pour s'échapper en se jetant contre les murs de sa petite prison étouffante. Un bruit de pas léger et doux de pieds nus nous a envoyés dans le long corridor au plafond haut, mais il n'y avait rien, rien qu'un reflet de lune sur le plancher à la moquette grise. »

Et le souvenir du passé.

LE LIT POSSÉDÉ

Scarborough, Ontario

L'idée qu'un meuble soit capable de malveillance envers les vivants semble grotesque. Bien entendu, du bois, des clous et de la colle ne peuvent pas créer une entité apte à produire des réactions émotionnelles ou à causer des souffrances au propriétaire de cet objet.

Pourtant, il existe l'histoire de cette jeune mère de deux adolescentes, vivant à Scarborough, en Ontario, qui a subi une malchance cauchemardesque... à cause d'un vieux lit. Elle a dit que le meuble était maudit et que la malédiction touchait tous ceux qui étaient en contact avec lui.

Elle a raconté son histoire au journaliste Tony Carr :

La femme, que nous appellerons Sarah, dirigeait une entreprise prospère dans la banlieue de Toronto, à la fin des années 1970. Elle vivait avec ses deux filles dans un immeuble à appartements coquet et n'avait aucune raison de douter que sa vie continuerait à suivre son cours normal.

Jusqu'au soir où elle a trouvé le lit.

« En marchant de mon auto vers l'ascenseur, quelque chose a attiré mon regard dans le coin du stationnement souterrain. C'est à ce moment-là que j'ai vu le lit pour la première fois. Il était beau et semblait avoir été abandonné », s'est-elle rappelé.

Elle l'a transporté dans son appartement, l'a assemblé et s'est demandé pour quelle raison on voudrait jeter un meuble aussi splendide.

« J'observais le lit quand j'ai ressenti une sensation étrange à faire frémir. Mettant cette réaction sur le compte de la fatigue, je me suis préparée à prendre mon bain et j'ai décidé que j'achèterais un matelas le lendemain matin pour que ce magnifique lit devienne le mien. »

La nuit où le nouveau matelas a été livré, Sarah a dormi dans le lit qu'elle partageait avec l'une de ses filles.

« Tout à coup, je me suis réveillée et assise vivement, a-t-elle dit. Et là, au pied de mon lit, il y avait ma meilleure amie. Ses lèvres bougeaient, mais il n'en sortait aucun son. »

L'amie de Sarah habitait dans le même immeuble, deux étages au-dessus d'elle.

« Je me souviens avoir regardé l'heure. Il était 2 h 03 et j'ai dit : 'Marian, que peux-tu bien faire ici en pleine nuit?' »

Son amie ne lui a pas répondu, mais la question de Sarah avait réveillé sa fille.

« À qui parles-tu, maman? a demandé l'adolescente. Maman! C'est quoi cette lumière bleue au bout du lit? »

L'apparition de Marian, que la fille n'avait vue que sous la forme d'une lumière bleue, s'est dissipée.

Mère et fille étaient trop bouleversées pour pouvoir se rendormir. Alors qu'elles étaient assises à la table de la cuisine, on a frappé à la porte. Prudemment, Sarah a entrouvert la porte.

Deux policiers se tenaient sur le seuil. Après avoir confirmé leur identité, un des hommes a demandé :

« Connaissez-vous une certaine Marian Ducot? »

« Oui, a répondu Sarah. »

« Eh bien, je suis désolé de devoir vous dire ceci, mais elle vient tout juste d'être assassinée, » a annoncé l'un des policiers.

Les policiers leur ont expliqué que Marian marchait vers l'ascenseur dans le stationnement quand un homme lui a sauté dessus, armé d'une lourde clé à molette. Elle a été battue à mort. Son assassin habitait l'appartement situé directement au-dessus de Sarah... et juste au-dessous de Marian Ducot. Le meurtre s'était produit dans le stationnement, sous l'appartement de Sarah et presque à l'endroit où elle avait trouvé le lit abandonné.

L'assassin n'a pas pu donner d'explication rationnelle à son geste. « Je ne sais pas ce qui m'est arrivé, c'est comme si j'étais possédé », a-t-il dit par la suite.

Sarah a affirmé qu'après le meurtre de son amie, le lit semblait être en vie. Elle l'avait senti « trembler » alors qu'elle essayait de se rendormir la nuit de l'assassinat.

« Il y avait quelque chose d'étrange à propos de ce lit. Et d'abord, qui l'avait jeté? Et pourquoi? Bien que je n'aie pas mentionné à mes filles le tremblement provenant du lit, ni l'une ni l'autre ne voulait y coucher. Ma cadette, qui avait voulu y dormir une fois, s'est sauvée de la pièce en hurlant : "Il y a quelqu'un qui rit de moi sous le lit!" »

Encore plus de malchance devait s'abattre sur la jeune femme. Son entreprise a fait faillite, a-t-elle dit, en raison d'un incendie et de « fournisseurs sans scrupules ». Son auto a été détruite dans un accident après que ses freins aient lâché « sans aucune raison apparente ».

C'était à cause du lit, s'est-elle dit. Ses problèmes avaient débuté lorsqu'elle avait monté le lit dans son appartement. Peut-être qu'en se débarrassant du meuble, ses difficultés cesseraient.

« J'ai essayé de le vendre, mais dès que les gens le voyaient, ils prenaient peur. J'ai essayé de le donner... Un brocanteur l'a pris. Le lendemain matin, mon lit était posé sur le côté de l'immeuble à appartements. »

Finalement, un ami a offert de l'en débarrasser. Selon lui, le problème, c'était Sarah et non le lit.

Mais alors que Sarah aidait son ami à monter le lit, une grande colère s'est emparée d'elle et elle s'est mise à frapper le meuble à coups de marteau. Elle rendait cet objet véritablement responsable de tous ses problèmes. Son ami s'est mis à ricaner et lui a demandé si, selon elle, le lit se mettrait à pleurer si elle lui faisait suffisamment mal. Elle s'est donc calmée et a reconnu que son emportement était ridicule.

« Nous étions encore en train de rire quand du coin de l'œil j'ai vu quelque chose qui m'a figée sur place. De minces filets d'eau s'écoulaient des marques de marteau sur le lit, comme si le lit pleurait! »

Son ami a attribué l'eau aux gouttes de condensation ruisselant sur les canalisations au-dessus de leurs têtes. Mais selon Sarah, elles n'étaient pas suffisamment près pour avoir un tel effet.

Malheureusement, le lit a poursuivi son action malfaisante. Sept jours plus tard, Sarah l'avait récupéré. La marina de son ami avait dû fermer ses portes à la suite d'une série d'accidents bizarres. Il a dit que tous les problèmes avaient débuté le jour où il avait pris possession du lit.

Et ce n'était pas tout. Son ami lui a dit :

« Ça ne faisait pas une heure que j'étais dans le lit qu'il s'est mis à vibrer... à trembler... ou quelque chose du genre. Je n'aurais jamais imaginé dire cela un jour, mais j'ai eu l'impression que ce truc riait de moi! »

Sarah s'est rendue chez un médium torontois, lequel a prétendu qu'un homme avait agonisé dans ce lit après avoir été empoisonné, et il lui a conseillé de brûler le meuble s'il le fallait. Après cette visite, la chance de Sarah a semblé tourner.

Un passionné d'antiquités, spécialisé dans les beaux meubles anciens, avait entendu parler du lit et lui a proposé de l'acheter. « Il est superbe, a-t-il dit après l'avoir vu. Il me le faut. »

Sarah a eu l'honnêteté de lui raconter sa pénible histoire, mais il n'a rien voulu entendre. Il a payé le meuble comptant et l'a emporté le jour même.

« Mon cauchemar a pris fin. C'était comme si on m'avait enlevé un grand poids de mes épaules », s'est-elle remémoré.

L'homme qui avait acheté le lit de Sarah a ajouté une note ironique à cette histoire. Depuis qu'il avait acquis le lit, semble-t-il, il n'avait eu que de *la chance*. Ses affaires avaient plus que doublé et il avait abandonné l'idée de fermer son commerce, ce qu'il avait envisagé de faire avant d'acheter le lit. « C'est complètement inattendu », a-t-il dit en parlant de ses succès en affaires.

« Je n'ai pas couché dans le lit. Mais je le ferai, c'est sûr, et je n'aurai pas de malchance », a-t-il ajouté.

Sarah espérait que sa vie reprendrait un cours normal, mais elle n'en était pas totalement certaine. « Peut-être, rien que peut-être, que ma vie et cet horrible lit seront de nouveau entremêlés... »

LE FANTÔME DU MONT ROYAL

Montréal, Québec

La légende de fantôme montréalaise la plus tenace remonte au dix-huitième siècle et concerne l'un des personnages de cette ville les plus pittoresques : le marchand de fourrures écossais, le baron Simon McTavish. On dit que son fantôme dort d'un sommeil agité dans un mausolée sur le mont Royal.

Pour comprendre la quête incessante de McTavish pour une existence terrestre, il faut connaître un peu sa personnalité excentrique et son mode de vie extravagant, qui lui ont d'ailleurs valu le surnom « le marquis ».

McTavish est arrivé au Canada après avoir vécu un certain nombre d'années en Nouvelle-Angleterre, à la fin des années 1700, et s'est établi dans le commerce des fourrures. Au début, il voyageait en canot jusqu'aux Grands Lacs pour y acheter des fourrures. Par la suite, il est devenu un des propriétaires principaux, avec un de ses partenaires Simon Fraser, de la Compagnie du Nord-Ouest, laquelle a dominé le commerce des fourrures dans la majeure partie du continent nord-américain, de 1780 à 1821.

Mais ce n'est pas le sens aigu des affaires démontré par McTavish qui a captivé le plus les Montréalais. L'appétit de cet homme pour le dur labeur était égalé par son appétit pour la cuisine... et pour l'amour! Resté célibataire presque toute sa vie, il affirmait ne pas être heureux tant qu'il n'était pas amoureux ou sur le point de tomber amoureux, ce qui, apparemment, arrivait assez fréquemment. Il était également réputé pour ses grandes réceptions et son goût prononcé pour les huîtres et l'alcool, deux choses qu'il consommait en quantité prodigieuse.

McTavish a fini par épouser une jolie Canadienne française, mais cette union n'a pas duré longtemps. Et c'est là que débute l'histoire du fantôme de Simon McTavish.

Le vieil Écossais avait promis à sa future épouse qu'il lui construirait la résidence la plus somptueuse de tout Montréal, au sommet du mont Royal. Mais McTavish n'a pas vécu suffisamment longtemps pour profiter ni de son mariage ni de sa nouvelle demeure. Il est décédé en 1805, durant la construction de la résidence, et a été enterré dans un mausolée, que l'on peut encore voir dans le parc surmontant le mont Royal, au bout de la rue McTavish. La résidence n'a jamais été achevée.

La joie de vivre qui a fait du riche marchand de fourrures un des grands hommes du monde montréalais pourrait expliquer que les légendes perdurent, voulant qu'il continue à errer dans son ancien quartier.

Sa résidence inachevée a fini par être baptisée « la maison hantée du mont Royal ». Certains prétendent que pendant longtemps après la mort de McTavish, on pouvait entendre les bruits festifs de grandes réceptions, à l'intérieur des murs partiellement achevés. Les gens ayant une imagination encore plus fertile ont juré que des « fées » dansaient sur le toit en métal. Une ou deux de ses vieilles connaissances ont chuchoté qu'il était mort après avoir vu le fantôme d'une de ses anciennes maîtresses dans la résidence, durant l'une de ses fréquentes visites intempestives, destinées à superviser la construction.

Mais c'est dehors, sur les pentes neigeuses du mont Royal, que le fantôme de Simon McTavish est dans son élément. La scène peut être sinistre et plutôt surprenante : McTavish est assis dans son cercueil, le couvercle grand ouvert, et il dévale la montagne à toute allure!

Il pourrait y avoir une part de vérité dans les récits rapportant que *quelque chose* de morbide a un jour dévalé le mont Royal. On dit qu'un professeur d'anatomie a vécu à côté de la résidence abandonnée de McTavish, au cours des années 1870. Ayant de la difficulté à se procurer des cadavres en vue de démonstrations dans ses cours, il a engagé des déterreurs de cadavres pour effectuer des raids dans les cimetières Mont-Royal et Côte-des-Neiges nouvellement construits. Ces gens pourraient avoir transporté leurs « acquisitions » en bas de la montagne sur des luges, avant de les décharger dans le chariot du professeur qui les attendait. Les témoins pourraient avoir raison dans leurs affirmations qu'un cercueil dévalait parfois les pentes enneigées, mais ce n'était peut-être pas Simon McTavish qui était à bord.

Mais là encore, qui pourrait dire que son fantôme n'aurait pas aimé se joindre à ceux qui dérangeaient les morts pour prendre part à une descente en luge impromptue, quoique épouvantable?

L'ESPRIT FRAPPEUR

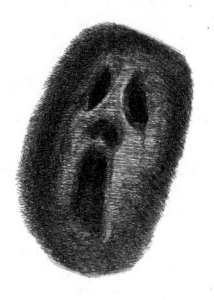

Baldoon, Ontario

Le vieux McDonald avait une ferme. Une des fermes hantées les plus célèbres dans l'histoire des fantômes canadiens. Dans le hameau endormi de Baldoon, dans le sud de l'Ontario, il y avait rarement de l'activité en 1829. Mais quand le fermier McDonald est arrivé en ville pour raconter ce qui se passait chez lui, le reste du Canada n'a pas tardé à y prêter attention. McDonald a prétendu que des forces surnaturelles avaient presque réussi à détruire sa famille. Il avait affaire à l'œuvre d'un esprit frappeur.

De grands morceaux de bois volaient autour de sa grange. Bientôt des casseroles et d'autres objets ménagers étaient lancés dans les airs sans aucun signe de l'aide d'un être humain.

De petits projectiles – que Mme McDonald appelait « des balles de sorcière » – martelaient les murs extérieurs.

L'esprit frappeur lançait des objets tant à l'intérieur qu'à l'extérieur de la maison, sur une base presque quotidienne. L'intensité des bombardements variait, mais cessait très rarement. Les badauds ont afflué vers la ferme pour voir de leurs propres yeux les phénomènes étranges. Quelques-uns ont dit avoir entendu « des gémissements bizarres », qui semblaient provenir de partout, et néanmoins de nulle part.

Pendant non moins de trois ans, l'esprit frappeur a continué à faire des siennes. Les McDonald de plus en plus découragés, ont essayé toutes sortes de méthodes pour débarrasser leur ferme de ces manifestations – ils ont même fait appel à un « chasseur de sorcières » –, mais en vain.

Le phénomène a cessé sans explication en 1831. On n'a plus vu, ressenti ou entendu l'esprit frappeur de Baldoon. Les McDonald ont repris leur paisible vie rurale. Cette histoire, qui a été racontée partout au Canada, illustre l'un des plus vieux mystères surnaturels.

BRUITS INEXPLIQUÉS

Vancouver, Colombie-Britannique

On aurait dit une voix. Un gémissement. Le son de quelqu'un souffrant terriblement. Et pourtant, ce n'était pas tout à fait un son humain. Ça ne ressemblait à aucune voix humaine qu'ils aient jamais entendue. La famille a cru que c'était leur petit chien qui gémissait d'une manière singulière. C'était ce qu'ils ont cru jusqu'à ce qu'ils entendent le hurlement et, qu'au même moment, ils voient leur chien se tapir au pied d'un lit.

Ils ont su alors qu'il y avait quelque chose d'autre dans leur maison. Et ils ne voulaient pas y avoir affaire.

Les neuf enfants habitaient avec leur père pêcheur dans une maison qu'ils occupaient depuis vingt-quatre ans. La mère était morte récemment. C'était l'été 1978.

Une représentante de la Vancouver Psychic Society, Linda Klor, a entendu parler de l'histoire. Elle a dit que la famille a d'abord entendu le bruit alarmant au milieu de la nuit, mais que celui-ci ressemblait « plus à une voix qu'à un bruit ».

La deuxième fois, la famille a cru que leur chien était à l'origine du problème. Ils ont également entendu la « voix » murmurer un mot ressemblant à « die » (mourir) ou « why » (pourquoi).

Quand le phénomène s'est reproduit, une troisième nuit, le père et les enfants ont décidé de passer la nuit suivante hors de chez eux. Toutefois, ils ont laissé un magnétophone en marche afin d'enregistrer les sons dans la maison soi-disant vide. Leur chien est resté sur place.

Linda Klor a raconté aux journalistes que le magnétophone avait enregistré les aboiements du chien, mais aussi ce qui « ressemblait à une personne en grande souffrance. Et quelle que soit l'entité, elle utilisait l'énergie de l'aboiement de ce chien. »

La voix affligée présente sur la bande sonore n'était pas le seul bruit enregistré. Des bruits de pas lourds martelaient le plancher et des verres cliquetaient sur une table voisine.

Klor et un autre médium ont visité la maison. Ils ont senti la présence d'un homme, « une entité très confuse », mais qu'ils n'ont pas été capables d'identifier.

Par la suite, la maison a eu l'air de se calmer. Il y a eu un gémissement ultime, puis le silence. Klor a rapporté qu'une analyse électronique de la bande sonore a démontré que la voix n'était pas humaine. Elle a dit qu'il ne semblait pas y avoir d'explication à ces événements.

LES ENFANTS DE LA NUIT

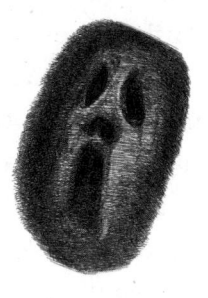

Montréal, Québec

Parfois, vaut mieux ne pas questionner la Providence. Et pourtant des femmes et des hommes prudents ne tiennent pas toujours compte de l'intervention des coïncidences, du hasard, de Dieu ou autre chose, selon l'appellation de chacun.

Et cela a été le cas dans le Montréal du dix-neuvième siècle, dans une institution municipale abritant des enfants incorrigibles. Construite en 1805, dans l'idée d'en faire à la fois un immeuble sécuritaire et « accueillant », le lieu a été vite frappé par une tragédie. Deux enfants ont tué le directeur et son épouse et ont incendié l'immeuble pour dissimuler leur crime. Peu de temps après, ils ont été arrêtés, jugés pour meurtre, déclarés coupables des méfaits... et condamnés à la pendaison.

Ces exécutions auraient dû mettre un terme à cette violence particulière, mais cela n'a pas été le cas. La maison a été reconstruite sur ses fondations originales et elle est passée d'un propriétaire à un autre pendant les cent années suivantes. S'il est possible pour un *lieu* d'être hanté par les événements passés, il s'agit d'un de ces cas. Meurtre, suicide et autres incendies inexpliqués ont accablé les nombreux habitués de cette maison maudite. Des bouffées d'air glacial soufflaient brusquement dans les pièces les plus chaudes de cette maison.

En 1905, l'auteur Paul Fortier, sa jolie femme Denise et Gisèle, leur adorable fillette de cinq ans, ont acheté la maison et y ont emménagé. Ils connaissaient peu son histoire. Ils auraient dû se méfier davantage.

Le premier roman de Fortier, intitulé *Fields of Amaranth*, venait tout juste de paraître et avait reçu des critiques généralement positives. Il avait presque terminé un second livre et envisageait de poursuivre sa carrière d'écrivain dans la vieille maison si particulière.

Denise Fortier a été la première à découvrir l'histoire de la maison. Le rôle joué par l'immeuble dans un crime haineux perpétré au siècle précédent était bien connu dans le quartier, et peut-être aussi des agents immobiliers, mais tout le monde avait omis de prévenir les Fortier. Était-ce un simple oubli ou un oubli volontaire? Toujours est-il que lorsque les voisins ont raconté l'histoire de la maison à Denise, le récit de ce passé pesait lourdement sur sa conscience.

Ses appréhensions augmentaient au fil des semaines suivantes. Puis sa fillette, Gisèle, a été touchée à son tour. L'enfant dormait difficilement la nuit; des bouffées d'air froid inquiétantes tourbillonnaient dans sa chambre. Peut-être ressentait-elle aussi l'angoisse grandissante de sa mère. La pauvre enfant ne pouvait faire autrement que de s'inquiéter de l'état de contrariété où se trouvait sa mère en raison de... quelque chose.

La visite que Denise a rendue au prêtre de sa paroisse n'a pas réussi à faire disparaître la crainte qui la rongeait. Selon lui, l'entretien de cette grande maison était un fardeau trop important pour elle. Quand elle lui a demandé d'exorciser la demeure, il l'a renvoyée d'un ton chargé de scepticisme.

En rentrant chez elle après sa visite à l'église, Denise a eu la sensation presque palpable que ce soir-là, il se produirait quelque chose de vraiment horrible.

Paul a eu l'air particulièrement rustre au souper. Il a bu presque une pleine bouteille de vin et n'a adressé la parole ni à sa femme ni à sa fille. Son attitude avait changé depuis leur emménagement dans cette maison et il rabrouait Denise chaque fois qu'elle essayait d'aborder le sujet de son comportement changeant. Il se contentait de rire quand elle essayait de lui parler des pièces de la maison qui semblaient anormalement froides ou de celles dans lesquelles on avait l'impression que plusieurs paires d'yeux observaient chacun de ses gestes. À peine avait-elle osé mentionner ces autres occasions où elle avait entendu des rires enfantins qui lui avaient donné des frissons d'horreur.

La soirée a été un pur désastre. Denise ne voulait pas laisser Gisèle baigner dans une telle atmosphère. Elle est donc allée coucher l'enfant, lui murmurant à l'oreille que le soleil brillant du matin les réconforteraient tous.

Gisèle a fait non de la tête. Elle a serré sa mère, la suppliant de l'emmener loin de cette maison le soir même. Elle avait ressenti une bouffée d'air froid dans son lit la nuit précédente, a-t-elle dit en pleurant. Elle avait peur que celle-ci ne revienne.

Denise a bordé son enfant et l'a embrassée pour lui souhaiter une bonne nuit. Gisèle s'est agrippée à sa mère de toute la force de ses petits bras. C'était comme si, en laissant sa mère partir, c'était la fin de sa petite famille.

Les événements des quelques heures qui ont suivi ont été reconstitués par la suite grâce aux effroyables souvenirs de Gisèle et au récit de quelques témoins.

Quelques heures après s'être endormie, Gisèle a été réveillée par une odeur de fumée. Il n'y avait pas de flammes visibles, ni de sensation de chaleur extrême. Elle a couru dans le couloir. De la fumée s'échappait sous la porte de la chambre de ses parents. Elle a poussé la porte. La chambre était un brasier. Mais il y avait un spectacle bien plus horrible encore : le corps inerte de son père gisait sur le plancher, des ciseaux plantés dans sa gorge; seules les pointes ensanglantées des ciseaux étaient visibles. Les yeux de Gisèle se sont tournés vers le lit où sa mère affolée tentait de repousser deux petits garçons nus, secoués par des rires silencieux et qui frappaient à coups de poing le visage tuméfié et ensanglanté de Denise.

Gisèle a couru chez les voisins pour chercher de l'aide. Quand ils sont arrivés, la scène ne ressemblait pas du tout à ce qu'elle leur avait raconté d'une voix haletante. Oui, le cadavre de Paul Fortier gisait bien sur le plancher et Denise était presque inconsciente sur le lit, mais il n'y avait ni feu, ni garçonnets nus et hystériques, ni odeur de fumée. Rien que les signes incontestables d'une dispute de couple meurtrière. Denise avait apparemment repoussé l'attaque de son mari en le frappant avec des ciseaux, en légitime défense.

En tout cas, c'est le verdict que la police a rendu. Ils ont rejeté le récit de Gisèle, l'attribuant au triste motif qu'elle avait vu sa mère tuer son père. Denise a encore vécu plusieurs mois avant de succomber à ses terribles blessures. Elle n'avait jamais repris conscience.

Gisèle Fortier est partie vivre chez ses grands-parents, aux États-Unis.

Les Fortier ont été la dernière famille à habiter dans la maison maudite. Celle-ci a complètement brûlé – pour la dernière fois – en 1906.

LA NOURRICE

Windcrest, Nouvelle-Écosse

La ferme datant de 1830 et connue sous le nom de vieille place Hagen avait un attrait quasi mystique pour ce couple d'âge moyen. Quand enfin elle a été mise en vente, il était à prévoir que ces gens l'achèteraient en vue d'en faire une maison d'été, puis une résidence principale à leur retraite. Ils ne savaient pas qu'un fantôme, qu'ils en sont venus à surnommer la « vieille dame », partagerait leur vie dans la maison qu'ils ont rebaptisée Windcrest.

La fille du couple en question, M. R. Mulvale, de Greenwood, en Nouvelle-Écosse, a raconté que sa mère décrivait en plaisantant les activités du fantôme au fil des ans.

« Quand mes parents repartaient en ville après avoir passé une fin de semaine à Windcrest, a dit M.R., ma mère remarquait régulièrement que les rideaux bougeaient à la fenêtre de la seule pièce inoccupée de la maison, à l'étage. Comme le loquet était brisé, ils fermaient toujours la porte avec un crochet avant de partir... et ils retrouvaient toujours le crochet enlevé à leur retour le vendredi suivant. » Ils n'ont jamais trouvé aucun autre signe de désordre, ni la preuve d'une effraction commise par des voleurs.

« Mon père acceptait lui aussi la présence de la vieille

dame, mais il n'a jamais dit l'avoir rencontrée. Pourtant, chaque fois qu'il ne trouvait pas un outil en particulier, il ne manquait pas de parler d'elle et de son habitude "d'emprunter des choses". »

Toutefois, un incident ayant eu lieu en 1970 et impliquant M.R. et ses deux enfants a convaincu tout le monde que Windcrest abritait effectivement un esprit mystérieux.

« Kate, qui avait trois ans, avait de longues conversations avec on-ne-sait-qui au coucher », a dit M.R. Ni la mère ni les grands-parents n'accordaient beaucoup d'attention au bavardage de l'enfant, supposant qu'elle pouvait voir quelqu'un qui leur était invisible. L'autre enfant, Terry, était un bébé de trois mois très actif qui, selon sa mère, était « le champion de son groupe d'âge pour repousser ses couvertures avec ses pieds ». Elle a raconté qu'il babillait pendant longtemps en donnant des coups de pied à ses couvertures avant de s'endormir.

« Un soir, je suis montée et je l'ai bordé après qu'il se soit finalement endormi. Quelque temps après, il s'est réveillé et a répété sa routine habituelle, qui a été entendue par quatre adultes. J'ai dit à ma mère qu'on devrait le laisser se fatiguer et se rendormir. »

Au bout de quelques minutes, les coups et les vagissements provenant de son berceau ont cessé. Voulant s'assurer que son fils allait bien, M.R. est montée dans la chambre et a jeté un coup d'œil par la porte.

« Il dormait profondément, a dit M.R., et était bien bordé. À moins qu'il n'ait crié sans bouger un seul muscle, quelqu'un l'avait calmé et bordé de nouveau. »

Et, conclut-elle, « Ce n'était pas un être *physique* dans la maison ». Même les fantômes doivent avoir de la difficulté à s'endormir en entendant les pleurs d'un tout-petit.

LA COLLINE HANTÉE

Siwash Hill, Colombie-Britannique

À quelque 225 kilomètres au nord-ouest de Victoria, sur l'île de Vancouver se trouvent les communautés de Courtenay et de Comox. Courtenay est située à l'intérieur des terres, mais Comox se trouve directement sur le détroit de Georgia, en face de Powell River, un village du continent que l'on peut rejoindre en traversier à partir de l'île.

De nos jours, les deux communautés sont des localités insulaires paisibles, comptant ensemble une population d'environ 16 000 habitants. Toutefois, il y a de nombreuses années, la région a été visitée par une apparition féminine, qui est devenue le sujet de conversation des deux villes.

On a décrit le fantôme sous les traits d'une femme dégingandée, vêtue d'une grande cape brune, sans bras ni jambes visibles, mais seulement une masse indistincte. Son visage était particulièrement hideux – il n'avait rien d'un visage humain – et il était marqué de deux trous noirs profonds à la place des yeux.

Siwash Hill, située sur l'autoroute Comox-Courtenay, était le lieu où des résidents locaux et même certains touristes disent l'avoir vue. La colline se trouve à quelque 185 mètres de la mer. L'hypothèse avancée, c'est que le fantôme était d'une manière ou d'une autre associé à une ancienne bataille, qui avait eu lieu à environ 450 mètres du sommet de la colline, entre le peuple Comox et leurs ennemis, la bande Haïda, originaire des îles de la Reine-Charlotte. Le cimetière des Comox se trouvait au pied de la colline. C'était à cet endroit que le fantôme apparaissait le plus souvent.

La première apparition certifiée a eu lieu en décembre 1940, quand le fermier William Day a vécu une expérience troublante alors qu'il passait à côté du vieux cimetière. Il rentrait chez lui avec quelques sacs d'épicerie quand les rayons de lumière provenant de sa lampe à huile sont tombés sur une silhouette se tenant debout le long de la route, à environ six mètres devant lui. La silhouette a rapidement disparu et Day a continué à gravir la colline.

Quelques mètres plus loin, cependant, la silhouette a réapparu presque directement devant Day. Il s'agissait d'une femme qui regardait fixement la mer.

La femme s'est lentement tournée vers Day et c'est là qu'il a remarqué ses yeux. « C'était deux trous perçants qui avaient l'air de regarder à travers moi », a-t-il dit. Elle avait des cheveux longs et épais qui bougeaient doucement dans la brise légère de la mer.

Day a cru que quelqu'un lui jouait un tour. Il s'est très rapidement détrompé. « Je me suis toujours moqué des fantômes et des trucs de ce genre, mais j'étais dans mon état normal et je vous ai raconté exactement ce qui est arrivé », a-t-il dit.

Alors qu'il retournait à son navire une nuit, un marin a vu et entendu le fantôme de Siwash Hill. « J'ai aperçu quelque chose environ à mi-chemin sur la colline », a-t-il raconté aux journalistes. Il a eu tellement peur qu'il est retourné au port en courant... et qu'il est tombé au bout du quai de Comox.

Les projets de construction semblaient également déranger le fantôme. À chaque fois que des projets de réparations ou de travaux étaient entrepris, les automobilistes roulant sur l'autoroute Comox-Courtenay disaient avoir vu une femme debout sur la route, juste devant leurs automobiles. Incapables de s'arrêter à temps pour ne pas la heurter, les automobilistes étaient surpris de voir la silhouette disparaître juste avant l'impact.

L'une des dernières apparitions rapportées s'est produite après qu'une équipe d'entretien de l'autoroute, affairée à placer une nouvelle conduite d'eau le long de Siwash Hill, soit tombée sur un squelette humain. La nuit suivante, le spectre a été aperçu planant au-dessus de la tombe dérangée.

UNE PROMESSE ROMPUE

Notre-Dame-de-Pontmain, Québec

Les problèmes ont commencé, alors que Catherine Longpré était seule avec son jeune fils, dans sa maison, au bord de la rivière. Son mari, Georges Cloutier, était parti travailler dans un camp de bûcherons.

Un soir, au moment de rentrer les chevaux, ceux-ci ne voulaient pas se calmer. Ils s'éloignaient d'elle, bondissant et ruant à chacune de ses approches. Épuisée, frustrée et perplexe que ses animaux habituellement dociles soient si difficiles, Catherine a décidé de traverser la rivière en canot pour aller chercher de l'aide chez sa voisine, Éva Duciaume.

Les femmes ont finalement réussi à enfermer les chevaux dans l'enclos et sont entrées dans la maison de ferme toute simple des Cloutier. Catherine s'est assise et a allumé une cigarette. En soufflant sur l'allumette pour l'éteindre, son regard s'est porté sur la chambre du rez-de-chaussée, qu'elle pouvait voir par une porte ouverte. Ses yeux se sont écarquillés. Sur le lit, il y avait un tas de bois de chauffage normalement entreposé près du poêle. Le bois était soigneusement empilé comme si quelqu'un avait pris le vieux lit et son matelas de plumes pour la boîte à bois. Sauf qu'il n'y avait eu personne d'autre que Catherine et son jeune enfant – et maintenant Éva – dans la maison, pendant toute la journée. Le bois n'était pas là une heure plus tôt.

C'est alors que Catherine a dit à Éva qu'elle avait vraiment très peur et ne voulait plus rester dans cette maison toute seule.

Catherine Longpré et son mari Georges Cloutier n'avaient qu'un jeune fils, Florian, en 1922, l'année où les incidents troublants se sont produits dans leur maison, non loin de Notre-Dame-de-Pontmain, à l'ouest du Québec.

Durant une période de plusieurs mois, en 1922, la maison de Georges et Catherine a été possédée. Le couple ainsi que plusieurs autres témoins ont décrit une série d'événements inimaginables qui ont semblé, pendant un certain temps, ne pas avoir d'explication.

Le récit des évènements que le couple a vécus et la manière dont le mystère a finalement été résolu en accédant enfin à la dernière requête d'une vieille femme mourante est rapporté par Clovis Daoust. Cet homme connaissait certains des protagonistes et il vit maintenant sur la terre autrefois occupée par la maison des Cloutier, dans le village rural de Notre-Dame-de-Pontmain.

Éva Duciaume ayant dû retourner chez elle cette nuit-là, Catherine s'est donc précipitée dans la maison de Léon Dicaire et sa famille. Elle a demandé si les garçons, Hermas, neuf ans, et Joseph, onze ans, pouvaient lui tenir compagnie pour la nuit. Elle a expliqué ce qui s'était passé et les parents ont accepté que leurs garçons l'aident à faire la « garde » jusqu'au lendemain.

Quelques années plus tard, Hermas s'est souvenu qu'il avait vécu l'une des nuits les plus étonnantes de toute sa vie. Pendant qu'il dormait dans son lit, il avait vu une chaise berçante se déplacer d'un côté à l'autre de la cuisine.

Hermas a réveillé son frère et Catherine, et ils ont vu eux aussi la chaise berçante se déplacer.

Le lendemain matin, Catherine a dit aux garçons qu'elle n'avait pas dormi de la nuit. Pendant presque toute la nuit, a-t-elle expliqué, la flamme de la lampe à huile qu'elle avait laissée allumée montait et descendait à intervalles réguliers.

Au cours des jours suivants, différents phénomènes se sont produits. Une grosse roche mouillée a roulé bruyamment dans l'escalier. Selon Hermas, on aurait dit qu'elle venait de la rivière. Le chien de Georges et Catherine n'a pas bronché, même si la roche est venue atterrir près de lui. Un peu plus tard, deux autres roches, venues d'on ne sait d'où, se sont heurtées dans les airs.

Catherine était quasiment hystérique. Elle a envoyé un message à son mari au sujet des choses étranges qui se passaient dans leur maison et l'a supplié de revenir du camp aussitôt que possible. Entre-temps, Catherine est allée habiter chez Léon Dicaire et sa femme, Rose de Lima Valiquette, les parents des jeunes Hermas et Joseph. Les garçons avaient trop peur pour rester une autre nuit dans la maison de Catherine. Ils n'avaient jamais rien vu de tel : des souliers et des paniers danser autour des pièces, un panier à œufs glisser sur le plancher, des pommes de terre placées dans un sac ressortir en bondissant.

Léon et Rose doutaient franchement de l'histoire de Catherine et considéraient les récits de leurs fils avec un certain amusement... jusqu'à ce que Léon voie de ses propres yeux l'un des spectacles les plus incroyables qu'il ait jamais vu.

Le lendemain de son arrivée chez les Dicaire, Catherine était retournée dans sa maison avec eux afin d'achever certaines tâches. Peu après midi, ils ont vu plusieurs vêtements sortir rapidement par une fenêtre ouverte d'une chambre, se poser sur la corde à linge, puis « danser » en direction de la rivière. « Ils sont revenus en sautant comme s'il y avait quelqu'un à l'intérieur d'eux », s'est souvenu Hermas. Jupes, bas, chemises et pantalons ont traversé le terrain en sautant, ont grimpé sur la corde à linge et sont retournés dans la maison par la fenêtre.

Dire que le petit groupe était surpris, c'est le moins que l'on puisse dire. Léon a inspecté les alentours de la maison, mais il n'a rien trouvé pour expliquer ce qui s'était passé.

Plus tard, ce soir-là, Catherine et les Dicaire ont vu des lumières s'allumer et s'éteindre dans différents coins de la maison, en bas, puis en haut, puis de nouveau en bas et ainsi de suite, pendant plusieurs minutes.

Le lendemain, Georges Cloutier est revenu du camp, situé près du ruisseau de la Carpe. Il a dit en plaisantant que sa femme avait inventé toute cette histoire parce qu'elle était jalouse des deux cuisinières qui préparaient à manger aux bûcherons. Toutefois, quand Léon lui a raconté ce qu'il avait vu, *lui*, Georges est redevenu plus sérieux.

Il n'allait pas tarder à voir par lui-même que sa femme et ses amis ne plaisantaient pas.

Léon Dicaire est parti livrer des bœufs qu'il avait vendus à un homme, à quelques kilomètres de chez lui. Georges et les fils Dicaire ont passé la journée à couper du foin. Pendant que Catherine préparait le souper ce soir-là, Georges et ses « apprentis » savouraient une boisson fraîche.

Catherine était en train de retourner une épaisse omelette quand elle a entendu un énorme craquement provenant de la chambre du rez-de-chaussée, dans laquelle elle avait vu auparavant le tas de bois. Georges s'est précipité pour ouvrir la porte, mais elle était en partie bloquée par un des lits. Il a poussé la porte avec son épaule et a réussi à l'ouvrir suffisamment pour jeter un coup d'œil à l'intérieur... et pousser un hurlement de stupéfaction.

Le matelas *flottait* à plusieurs pieds au-dessus du lit!

Les garçons ont couru jusqu'à la porte et d'un air incrédule, ils ont regardé le matelas se soulever jusqu'au plafond, s'incliner et traverser la pièce.

Catherine a attrapé son enfant et, accompagnée de Georges et des garçons ébranlés, elle est sortie de la maison en courant. Ils ne se sont arrêtés qu'une fois parvenus chez les Dicaire. Léon est arrivé chez lui peu de temps après. Il est retourné dans la maison en compagnie de Georges et d'un autre voisin. Ils ont trouvé le matelas posé entre les deux lits dans la chambre. Il était raide. Quand Léon a essayé de soulever un coin du matelas pour le replacer sur le lit, l'objet a eu l'air de se rétracter « comme s'il avait été attaqué ». Malgré tous leurs efforts, les hommes n'ont pas réussi à le sortir d'entre les lits.

Ils sont partis pour la nuit et sont retournés le lendemain. Le matelas était souple et malléable, et les hommes ont pu le replacer avec facilité sur le lit.

Georges et Catherine avaient presque pris la décision de déménager quand quelqu'un leur a suggéré de demander l'aide de l'Église. Ils pourraient faire dire des messes spéciales pour débarrasser leur maison de l'entité, quelle qu'elle soit, qui la tourmentait. C'est ce qu'ils ont fait et les phénomènes ont disparu pendant un certain temps. La petite famille a pu vivre de nouveau en paix.

Qu'est-il réellement arrivé dans cette maison, au bord de la rivière?

L'explication la plus plausible des phénomènes a finalement été proposée par Johnny Cloutier, le vieux père de Georges. Il avait vécu dans cette maison avant que son fils et sa belle-fille n'y emménagent.

Il a dit, avec un certain regret, que juste avant que sa

femme Julie ne meure dans la maison, plus particulièrement dans le lit de la chambre du rez-de-chaussée, il lui avait promis de faire dire des messes spéciales pour elle. Il n'avait pas tenu sa promesse. C'était peut-être elle qui attirait l'attention sur cette promesse rompue, en faisant des sottises dans son ancienne maison.

Johnny a aussi révélé qu'il se réveillait souvent dans sa nouvelle demeure à Pontmain avec l'impression que quelqu'un le tirait par la main. Là aussi, il pouvait s'agir de Julie, a-t-il pensé.

Georges a fait dire des messes pour sa défunte mère et les phénomènes étranges ont cessé tant qu'il habitait encore à cet endroit.

Dans les années qui ont suivi, d'autres histoires au sujet de cette maison circulaient : on aurait vu par les fenêtres des couples danser, même si la maison était inoccupée et que la neige s'était accumulée jusqu'à mi-hauteur de la porte d'entrée; on trouvait parfois des ustensiles chauds éparpillés sur le plancher de la cuisine; l'horloge murale qu'on devait toujours remonter fonctionnait encore alors que le propriétaire avait été absent pendant plusieurs mois.

Il y a longtemps que la maison a été rasée. Ses matériaux ont servi à la construction d'une grange et d'étables, et plus tard, de la maison solide de Clovis Daoust. Mais l'histoire de ce qui est arrivé dans la vieille maison des Longpré/Cloutier est toujours aussi vivante – et laisse toujours aussi perplexe – que si elle s'était déroulée hier.

LE LIT DE MORT

Vancouver, Colombie-Britannique

Rénover une maison permettrait-il d'éliminer une sensation « désagréable » qui pourrait suggérer la présence d'un fantôme? Une seule apparition spectaculaire est-elle capable d'épuiser l'énergie d'un fantôme?

Voilà quelques-unes des questions intéressantes que pose cette histoire qui s'est déroulée dans le quartier West End de Vancouver, au tournant du siècle.

Un couple d'âge moyen avait construit leur nouvelle maison à cet endroit, mais n'y a vécu que six mois avant que la femme ne meure. Son mari a vendu la résidence et a quitté la ville.

Depuis le tout début, les nouveaux propriétaires se sentaient franchement mal à l'aise au rez-de-chaussée de la maison, surtout dans la chambre principale. Ils ont décidé qu'un remaniement pourrait calmer leur angoisse. Ils ont donc agrandi un petit salon adjacent à l'ancienne chambre principale pour inclure celle-ci, déplacé des cloisons, acheté de nouveaux tapis et des meubles pour chaque pièce et remis les murs à neuf.

Mais tout cela n'a rien changé.

Le couple a organisé une soirée pour fêter les rénovations

de leur maison. Deux femmes ont parlé de ces festivités au chroniqueur Harold Weir... soixante ans après l'événement. Elles étaient restées silencieuses durant toutes ces décennies et ont même refusé de donner à Weir les noms des familles concernées. Tous les convives avaient promis de garder le secret.

« À onze heures précises, quand tout se déroulait joyeusement, a raconté Weir selon les dires des femmes, les invités se sont soudainement rendu compte que quelque chose d'étrange se produisait au bout du salon, là où s'était trouvée la chambre. C'était comme une tornade de néant, que l'on ressentait plus qu'on ne la voyait. Sans savoir pourquoi, la pièce s'est refroidie et les langues se sont tues, mais ça, on savait pourquoi. »

Un lit à baldaquin en bois de rose a émergé de la « tornade ».

« Une femme était allongée [sur le lit], visiblement sur le point de quitter cette vie », ont raconté les femmes à Weir.

Ce qui avait vraiment effrayé les invités, c'est que la femme fixait, avec des yeux écarquillés d'effroi, la silhouette indistincte d'un homme assis dans un fauteuil victorien, près du lit. La scène ahurissante est restée visible un certain temps, puis elle a disparu.

Tous les gens, sauf les propriétaires, sont partis, mais pas avant d'avoir promis de ne jamais révéler ce qu'ils avaient vu. En très peu de temps, le couple qui avait passé tant d'heures et d'énergie à « remanier la maison pour en chasser les fantômes » l'a vendue et a mis tous les meubles à l'encan.

Weir a ajouté qu'une des femmes lui ayant raconté l'histoire avait gardé la partie la plus étrange pour la fin. Elle lui a dit que par la suite, elle avait assisté à l'encan des meubles des propriétaires.

Weir a écrit :

« Le nouveau tapis du salon, sur lequel le lit à baldaquin du fantôme s'était posé, était marqué de quatre empreintes bien profondes, exactement comme si un meuble lourd y était resté placé pendant des mois. » Il n'y avait pourtant aucun meuble à cet endroit après les rénovations.

Plus tard, la maison a été démolie et remplacée par un immeuble à appartements anonyme, et vraisemblablement aucun fantôme n'y rôde.

BIBLIOGRAPHIE

LIVRES

Beck, Horace. *Folklore and the Sea.* New York: Stephen Greene Press, 1973.

Blundell, Nigel, and Roger Boar. *The World's Greatest Ghosts.* New York: Berkeley, 1988.

Clarke, Ida Clyde. *Men Who Wouldn't Stay Dead.* s.l., s.d.

Creighton, Helen. *Bluenose Ghosts.* Toronto: McGraw-Hill Ryerson Limited, 1957.

Fink-Cline, Beverly, and Leigh Cline. *The Terrific Toronto Trivia Book.* Toronto: Personal Library Publishers, 1979.

Guiley, Rosemary. *Encyclopedia of Ghosts and Spirits.* New York: Facts on File, 1992.

Haining, Peter. *A Dictionary of Ghosts.* New York: Dorset Press, 1993.

Henningar, Ted R. *Scotian Spooks: Mystery and Violence.* Hantsport, N.É.: Lancelot Press, 1978.

Kevan, Martin. *The Best of Montreal and Quebec City.* New York: Crown, 1992.

Mosher, Edith. *Haunted: Tales of the Unexplained.* Hantsport, N.É.: Lancelot Press, 1982.

--------. *The Sea and the Supernatural.* Hantsport, N.É.: Lancelot Press, 1974.

Sherwood, Roland H. *Maritime Mysteries.* Windsor, N.É.: Lancelot Press, 1976.

--------. *The Phantom Ship.* Hantsport, N.S.: Lancelot Press, 1975.

Singer, Kurt, ed. The Unearthly. New York: Belmont Books, 1965.

Smith, Susy. *Haunted Houses for the Millions.* New York: Dell, 1967.

Sonin, Eileen. *ESP-ecially Ghosts.* Toronto: Clarke, Irwin and Company, 1970.

Watson, Julie. *Ghost Stories and Legends of Prince Edward Island.* Willowdale, On.: Hounslow Press, 1988.

MAGAZINES

Armstrong, John. "The Gallery of Ghosts: The eerie and unexplained in old Burnaby mansion," *Vancouver Sun,* 31 octobre 1987.

--------. "Ghost eludes our intrepid reporter." *Vancouver Sun,* 31 octobre 1987.

Bolan, Kim. "The haunted gallery." *Vancouver Sun,* 31 octobre 1986.

Bon Echo (Ont.) Sunset, 17 mai 1928.

Carr, Tony. "Goodnight, Ghost." *Vancouver Sun,* 9 décembre 1977.

Caylor, Ron. "Priest Haunts Church." *Vancouver Sun,* 9 décembre 1977.

Clark, Victor. "Metro's Ghostliest Places." *The Subway Link,* vol. 1, no. 2 (31 octobre-20 novembre 1986).

Clough, Peter. "Daily Planet." *Vancouver Province,* 11 juin 1992.

Cobb, Michael. "She's Hostess With Ghostess." *Vancouver Sun,* 30 mai 1966.

"Courtenay Man Insists Ghost Woman Danced Right at Him." Canadian Press, ca. 1940.

Curtin, Fred. "Ghosts back at old haunts." *Vancouver Province,* 9 avril 1964.

"Emily Can Haunts Halls," *Vancouver Province,* 12 mai 1991.

"Escape in a haunted house." s.l., 17 juin 1966.

"Evil Spirit Hits House in Ontario." Canadian Press, 12 juin 1963.

Fitzhenry, Jack. "The Widow's Curse." *The Newfoundland Quarterly,* décembre 1945.

Fralic, Shelley. "A ghost that stayed away." *Vancouver Sun,* 1er novembre, 1982.

"Ghost Fee Ruled Out." *Vancouver Sun,* 21 juillet 1966.

"Ghostly Guests at Beckley Farm.", 8 mai 1955.

"Ghostly Presences Aid Atmosphere." *Vancouver Province,* s.d.

"Ghosts host haunted." Vancouver Province, 24 juin 1966.

"Gracie the Ghost Back After 22-Year Holiday." Canadian Press, 23 janvier 1947.

"Haunted house sold." *Vancouver Sun,* 2 avril 1973.

Herman, Wendy. "Ghost town Toronto." *Toronto Star,* 27 avril 1980.

Jamieson, Charles. "Are There Such Things as 'Tokens'?" *The Newfoundland Quarterly,* décembre 1928.

--------. "The Ghostly Light Off Come-By-Chance Point." *The Newfoundland Quarterly*, octobre 1928.

"Jim Curran's Ghost." *Commercial Annual Christmas Number*, 1921, s.l.

Johnson, Eve. "So you don't believe in ghosts? Prepare yourselves for a shock." *Vancouver Sun*, 30 octobre 1981.

Marshall, Roger. "Dead builder 'walked' doomed Raven's decks." *Vancouver Province*, 10 février 1972.

Mills, Philip. "Mother, son share house with ghost." *Vancouver Province*, 22 décembre 1976.

"Motorists Report Strange Happenings on Highway.", 12 avril 1960.

"Mystery Knocks Alarm Home." Canadian Press, 13 octobre 1933.

"Night in a Haunted Home Long." *Vancouver Province*, 15 mai 1950.

"Not a Chance," *Vancouver Province*, 20 juillet 1966.

Oberlyn, Ros. "Spook-hunters seem to be having a wail of a time." *Vancouver Sun*, 24 octobre 1978.

Odam, Jess. "Hefty's Haunted by Ghost Fans." *Vancouver Sun*, 8 juin 1966.

---------. "Sun Team Sees No Ghost — But What Was That in Hall?" *Vancouver Sun*, 2 juin 1966.

"OOOOOOOOOHH, Ghostly Tales." *Vancouver Province*, 12 mai 1991.

Rimes, Les. "Sun Man Sleeps on as 'Ghost' Gives Fiddle Solo." *The Island*, 24 septembre 1959.

"Scare Still On." *Vancouver Sun*, 1er juin 1966.

Schaefer, Glen. "Our Scariest Haunts." *Vancouver Province*, 28 octobre 1990.

"The Schooner 'Isle of Skye.' " *Commercial Annual Christmas Number*, 1921, s.l.

Senn, Roma. "Things that go bump in the night." *Atlantic Insight*, octobre 1983.

Shortis, H. F. "Ghost Stories." *The Evening Telegram* (St. John's, Terre-Neuve), 15 décembre 1928.

"Spooky Trouble at mill." Canadian Press, 9 mars 1985.

Stockand, Dave. "B.C. has its fair share of spooks." *Vancouver Sun*, 29 octobre 1977.

Stroud, Carstens. "The Case of the Missing Snipe," *Toronto Star*, 9 décembre 1979.

"Sunday Séance Seeks Shy Spook." *Vancouver Sun,* 3 juin 1966.
Sutter, Trevor. "Ghost in Nightclub." *Regina Leader-Post,* 27 avril 1992.
"Two visits by 'phantom' tied to wall's tombstone." *Vancouver Sun,* 26 octobre 1982.
Volgenau, Gerald. "Ghostbusters: Pair Claims to Banish Spirit From Home." *Montreal Free Press,* s.d.
Weir, Harold. "Ghostly Secret." *Vancouver Sun,* 2 novembre 1961.
White, Scott. "Legislature's Past Spooky." *Vancouver Sun,* 5 juillet 1984.
"Who Wants Haunted House?" *Vancouver Province,* 31 mars 1973.

NON PUBLIÉS

Correspondance de Pierrette Champoux, Montréal, novembre-décembre 1993.

Correspondance de Jocelyne Choquette, Montréal, décembre 1993. (traduction d'Anthony Baechle).

Correspondance de Judy Curry, du conseil de la bibliothèque publique de Toronto, novembre 1986.

Correspondance de Clovis Daoust, du conseil de la bibliothèque publique de Toronto, novembre 1993 (traduction d'Anthony Baechle).

Correspondance de Mrs. E. M. Darke, adjointe à la conservation des maisons historiques, Toronto Historical Board, janvier 1987.

Correspondance de Marie V. Gibbs, Moose Jaw, Saskatchewan, octobre 1993.

Correspondance de Jennifer Harrand, secrétaire de Burnaby Art Gallery, novembre 1994.

Correspondance de Laura Jantek, coordinatrice du service des références, Halifax City Regional Library, s.d.

Correspondance de Jean Moore, Regina, Saskatchewan, s.d.

Correspondance de M. R. Mulvale, Greenwood, Nouvelle-Écosse, décembre 1993.

Correspondance de Miriam Siwak, Sydney, Nouvelle-Écosse, octobre 1993.

Entrevue avec Roy Bauer, Winnipeg, Manitoba, février 1994.

Voici d'autres récits de rencontres
surnaturelles ayant eu lieu au Canada :

Lieux hantés
Lieux hantés 2
Lieux hantés 3
Histoires à donner le frisson
Phénomènes inexpliqués